세상 친절한

환율 수업

부의 권력과 투자의 흐름을 이해하는
세상 친절한 환율수업

초판 1쇄 발행 2024년 8월 19일
초판 4쇄 발행 2025년 1월 8일

지은이 노영우 · 조경엽
펴낸이 성의현
펴낸곳 미래의창

편집주간 김성옥
편집진행 이은규
본문 디자인 강혜민

출판 신고 2019년 10월 28일 제2019-000291호
주소 서울시 마포구 잔다리로 62-1 미래의창빌딩(서교동 376-15, 5층)
전화 070-8693-1719 **팩스** 0507-0301-1585
홈페이지 www.miraebook.co.kr
ISBN 979-11-93638-38-5 (03320)

※ 책값은 뒤표지에 표기되어 있습니다.

부의 권력과 투자의 흐름을 이해하는

세상 친절한 환율수업

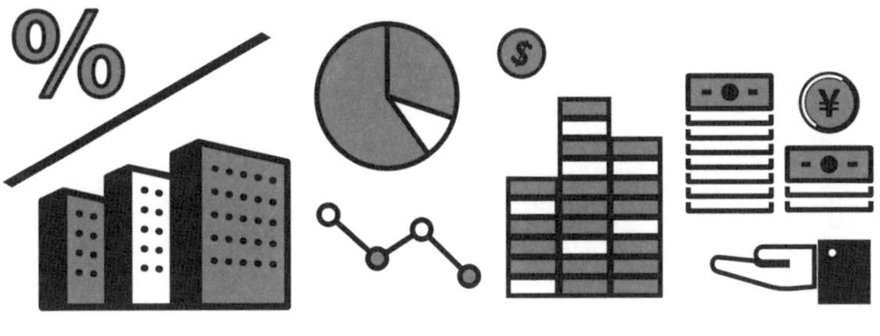

노영우·조경엽 지음

미래의창

들어가며

환율을 알면 세계 경제가 보인다

아침에 커피를 한잔 마시고 지하철을 타고 출근길에 오른다. 지하철 안에서 휴대폰으로 요즘 투자하고 있는 미국 애플 주식이 밤새 얼마나 오르내렸는지 확인한다. 점심때는 근처 맥도날드 매장을 찾아 햄버거로 때운다. 중간중간 평소 사고 싶었던 운동화를 검색해보고 가장 저렴한 가격으로 직구(해외 직접구매)한다. 퇴근하고 집에 와서는 휴가 때 가고 싶은 해외 여행지를 찾아보며 잠자리에 든다.

많은 사람들이 공동으로 경험하는 일상이다. 그러면서 우리는 '환율'이라는 단어를 별로 떠올리지 않는다. 그러다 언론에서 '환율 급등, 경제 비상'이라는 기사가 대서특필되면 '뭔가 문제가 있구나' 하고 관심을 갖는다. 그러다 곧 잊어버린다. 환율이라는 단어는 우리 머

릿속에 잠깐 한 번씩 등장했다가 사라지곤 한다. 하지만 실제 우리 생활의 대부분은 환율과 밀접하게 관련이 있다.

우리가 아침에 마신 커피의 원두는 모두 수입품이다. 원두를 수입할 때 환율변동에 따라 우리나라 커피값도 영향을 받는다. 해외 주식을 살 때도 환율에 따라 주식 가격과 수량이 결정되고, 수익률도 변한다. 점심때 찾는 맥도날드 햄버거는 미국의 세계적인 햄버거 체인점 맥도날드사의 한국법인에서 만든 것이다. 맥도날드사가 한국에 투자를 결정하는 과정에서 환율은 중요한 변수다. 온라인 해외 직구로 운동화를 구입할 때도 가격은 환율과 직결된다. 해외여행을 가려고 환전을 할 때도 환율이 중요한 것은 물론이다.

환율과 관련한 이슈들도 늘어나고 있다. 은행과 증권사들이 판매하는 해외 펀드에 투자했다가 낭패를 본 사례가 발생해 국내 금융권이 몸살을 앓았다. 미국 연방준비제도(Fed)의 금리 결정에 따라 출렁이는 외환시장도 자주 보인다. 또 북한이 미사일 실험에 나서고 우크라이나와 중동에서 전쟁이 계속되는 세계 정치 상황 변화에도 외환시장이 반응을 한다. 그러다보니 환율에 대한 관심도 높아지고 있다. 환율을 다루는 세미나와 강연회에 사람들이 몰리고 환율을 친절하게 설명하는 유튜브 영상도 많은 조회 수를 기록한다.

환율은 우리 경제활동과 그물처럼 얽혀있다. 환율을 제대로 이해하면 우리 경제를 이해할 수 있고, 경제를 이해하면 경제적 이익을 얻는 다양한 기회가 포착된다. 환율이 담고 있는 정보는 성장, 물가, 금리, 주가 등 여타 경제지표보다 훨씬 많다. 환율을 양파껍질 벗기듯 하나씩 벗겨가며 이해하면 경제의 겉모습뿐만 아니라 경제의 본질을 이루는 속살을 목격할 수 있다.

이 책은 개인과 국가의 경제활동을 통해 환율이 어떻게 결정되고 이렇게 결정된 환율이 다시 개인과 국가의 경제생활에 어떤 영향을 미치는지를 설명하는 데 초점을 뒀다. 책을 통해 독자들이 스스로 실생활에서 환율변동을 이해하고 그 흐름을 해석하는 방법을 제시하고 싶었다. 좀 더 나아가 환율을 통해 경제 전반을 보는 시야를 키우는 것도 목적으로 삼았다.

어려운 환율을 쉽게 이해하기 위해 환율이 존재하기 위한 조건 세 가지를 설명하는 것부터 출발했다. 환율의 조건은 국가, 화폐, 교역 등 세 가지다. 환율은 국가가 존재하고, 화폐 경제가 형성돼 있고, 국가 간 교역이 이뤄지면서 탄생했다. 이 세 가지 중 하나라도 없다면 환율이 존재할 이유가 없다. 국가 간 교역이 필수인 시대를 살아가는 우리에게 환율에 대한 이해는 꼭 필요하다. 환율의 조건 세 가지에 대해 풍부한 역사적 사례와 이론적 근거를 제시했다.

환율의 특성 세 가지로는 집합성, 상대성, 모호성 등을 꼽았다. 환율은 하나의 숫자로 표현되지만 이는 수많은 행동의 집합체로 결정된다. 한 국가 내에 수많은 사람들의 경제행위와 이로 인한 시장의 변화를 모두 합한 결과가 환율이다. 또 우리나라는 예전과 똑같이 행동했음에도 불구하고 상대국가의 경제활동에 의해 환율은 달라질 수 있다. 또 세계 경제의 환경에 의해서도 영향받는다. 이런 점에서 환율은 '상대적으로' 움직인다. 아울러 환율이 출렁거릴 때 정확히 어떤 요인이 작용했는지 알기가 어려운 '모호성'도 담고 있다. 이런 특징 때문에 환율은 언제나 많은 논쟁을 야기한다. 이런 특징을 이해해야 환율의 움직임을 예상할 수 있다.

겉으로는 경제 논리를 표방하면서도 국가 간 힘의 논리에 의해 실제 환율이 결정되는 경우도 종종 발생한다. 국가 간 경제 권력의 차이가 환율에 어떻게 작용하는지도 생생하게 적었다. 세계 환율의 중심은 미국 달러다. 다른 통화와 양적·질적으로 차별화되는 달러에 대한 설명에 많은 비중을 뒀다. 달러가 왜 세계의 기축통화가 됐는지, 외환시장 환율 결정에 미국은 어떻게 개입하는지, 달러 이면에 숨어있는 정치외교적 역학관계에 대해 풀어서 설명했다. 달러 패권에 도전하려는 중국 위안화를 비롯해 유로화, 일본 등의 화폐와 신흥국들의 환율에 대한 설명도 덧붙였다. '공정하면서도 공정하지 않은, 평등하면서도 평등하지 않은' 이중적인 외환시장의 특성을 제대로 이해하길 기대해본다.

한국은 대외개방도가 특히 높은 경제다. 환율의 영향을 많이 받을 수밖에 없다. 우리나라가 세계 10위권의 경제 규모를 자랑하지만 외환시장에서 그에 걸맞은 대접을 받지는 못한다. 왜 이런 불일치가 발생하는지 그리고 우리나라가 환율변동에 취약한 이유를 논리적·역사적 접근을 통해 설명했다.

우리 생활과 관련이 없으면 어떤 명쾌한 설명도 와닿지 않을 것이다. 따라서 실생활에서 환율을 어떻게 이해하고 적용할 것인지에 대해서도 다뤘다. 해외여행을 가거나 해외 주식과 채권에 투자할 때, 달러 예금에 가입할 때 등 실생활에서 환율을 제대로 이해하고 적용하는 방식에 대한 설명도 덧붙였다. 동학개미에 이은 서학개미 열풍 속에서, 신흥국 주식과 채권까지 자산 목록에 넣고 있는 투자자들이 이 책을 통해서 조금이라도 기초와 원리를 보강하면 좋겠다. 무엇보다도 '묻지 마 투자' '영끌 몰빵 투자'에 나섰다가 낭패를 보는 일이 없길 바라는 마음이다.

제한된 분량에 환율의 모든 것을 담기는 어려웠지만 환율과 관련해 사람들이 꼭 알아야 할 상식을 최대한 담기 위해 노력했다. 현실과 논리를 접목해 환율의 본질을 설명하는 데에는 저널리스트와 연구자로서 20년 넘게 현장과 이론을 넘나들었던 경험들이 밑바탕이 됐다. 쉽게 풀어서 친절하게 설명하려 했는데도 어렵다면 필자들의 역량부족이니 너그러이 이해 부탁드린다. 그럼에도 포기하지 않길 바란다.

이 책을 통해 환율을 이해한다면 세계 경제와 금융시장을 이해하는 데 막힘이 없을 것이다. 경제와 금융을 떠받치는 두 축은 금리와 환율이다. 필자들이 지난해 발간한 《세상 친절한 금리수업》 책이 독자들의 꾸준한 관심을 받았고 대만에서 번역 출판됐다. 환율의 개념과 특징을 설명한 이번 《세상 친절한 환율수업》 책이 더해져 독자들의 세계 경제에 대한 인식의 지평이 확 넓어지길 기대한다.

노영우·조경엽

차례

2 환율이 결정되는 곳, 외환시장

3 달러 패권과 환율

4 환율과 한국경제

5 달러 패권에 대한 도전과 한계

6 미국 달러 눈치 보는 일본과 유로존

7 우리 곁의 환율 이야기

1

환율의 탄생

전우치와 일물일가의 법칙

재밌는 세상을 한번 상상해보자. 여기에선 물건을 옮기는 데 시간과 비용이 들지 않는다. 마치 우리나라 고전소설인 《전우치전》 주인공인 전우치가 현대에 나타나 물건을 들고 순식간에 여기저기를 오간다면 어떤 일이 벌어질까.

부산 자갈치시장에서 광어회 한 접시의 가격은 1만 원이고 서울 식당에서는 2만 원을 받는다. 부산에서 서울까지 광어를 잡아서 가져오면 시간과 비용이 들기 때문에 일반적으로 서울의 광어회값은 더 비싸다. 이런 상황에서 전우치는 곧바로 돈 버는 방법을 찾아 나선다. 부산에서 광어회 한 접시를 사서 순간이동해 서울로 가져온다. 그리고 2만 원에 광어회를 판다. 앉은자리에서 광어회 한 접시당 1만 원의 이익을 챙길 수 있다. 광어회 100접시를 가져오면 100만 원을 번다.

이 광경을 본 제2의 전우치가 비슷한 방식으로 영업을 시작한다. 그 역시 부산에서 광어회 한 접시를 가져와 이번에는 1만 5,000원에 판다. 한 접시당 5,000원의 이익을 챙긴다. 제1의 전우치는 더 이상 2만 원에 광어회를 팔 수 없고 서울에서의 광어회값은 1만 5,000원이 된다. 이 광경을 목격한 제3의 전우치가 등장해 이번엔 부산에서 1만 원에 산 광어회를 서울로 가져와 1만 3,000원에 판다. 제4, 5의 전우치가 등장해 광어회 가격을 계속 낮춰 팔아 이익을 챙긴다. 그러다 보면 서울에서의 광어회값도 1만 원에 수렴하고, 결국 더 이상의 전우치가 등장하지 않는다. 부산에서 1만 원짜리 광어회 한 접시를 서울로 가져와 팔아도 이익을 올릴 수 없기 때문이다. 이렇게 우리나라 전국에서의 광어회값은 1만 원으로 결정된다.

광어회뿐만이 아니다. 대구 사과, 목포 낙지는 물론 파주 가구단지에서 만든 가구가 전국에서 팔릴 때, 만든 곳과 파는 곳에 가격 차이가 나면 전우치 같은 사람들이 등장해 이익을 챙기다가 결국 전국 어디서든 하나의 가격으로 통일된다. 광어회는 전국에서 1만 원, 대구 사과 한 박스도 전국에서 2만 원에 거래된다. 같은 상품에는 하나의 가격만 존재하는 '일물일가의 법칙'이 성립하는 것이다.

일물일가의 법칙이 흔들리는 세계 무대

이제 전 세계로 눈을 돌려보자. 조선시대 전우치는 우리나라에서만 활동했지만 21세기 전우치는 전 세계를 무대로 활동한다. 서울-부산과 마찬가지로 서울-뉴욕 간에도 전우치 같은 사람이 있어 순식간에 물건을 옮길 수 있다고 가정해보자. 다만 서울에서는 원화로, 뉴욕에서는 달러로 물건을 사고팔아야 한다. 뉴욕에서 한국의 휴대폰이 인기여서, 전우치는 휴대폰을 미국에 가져가서 팔려고 한다. 한국에서의 휴대폰값은 100만 원, 뉴욕에서의 휴대폰값은 1,000달러라고 하자. 한국에 있는 전우치가 미국에서 휴대폰을 팔려면 한국에서 팔 때보다 한 가지 절차를 더 거쳐야 한다. 일단 휴대폰을 가지고 순간이동해 뉴욕으로 날아간다. 거기서 휴대폰을 팔고 1,000달러를 받는다. 그다음에 1,000달러를 한국에 가져와 원화로 바꾼다. 이때 원화와 달러 간의 교환비율, 즉 환율이 얼마인지에 따라 전우치의 이익이 결정된다. 우리나라에 1달러를 가져오면 원화 1,000원으로 바꿔줄 때, 전우치는 미국에서 1,000달러를 받고 휴대폰을 판 다음 이 돈을 한국으로 가져오면 100만 원과 바꿀 수 있다. 한국에서 휴대폰을 팔 때와 같은 값을 받는 것이다.

만약 우리나라에서 1달러당 원화 환율이 1,100원이라면 어떤 일이 벌어질까. 전우치는 미국에 가서 휴대폰을 1,000달러에 팔고 이 돈을 가져와 원화로 바꾸면 110만 원이다. 한국에서 휴대폰을 팔 때보다 10만 원을 더 벌 수 있다. 그럼 제2, 3의 전우치가 나타나 휴대폰을 가져가 팔아 달러를 받아오려고 할 것이다. 하지만 이때는 '서울과 부산 사이에서 가격 차이가 났을 때'와 조금 다른 상황이 벌어진다. 제2, 3의 전우치가 나타나 미국으로 휴대폰을 가져가서 판다고 해도 미국에서 휴대폰값이 바뀌기는 어렵기 때문이다. 미국의 시장 규모가 우리나라보다 훨씬 크기 때문에 우리나라 휴대폰이 조금 더 많이 팔린다고 해도 가격은 그대로 유지될 가능성이 높다. 그렇다고 무한정 휴대폰을 미국으로 가져가 팔기도 어렵다. 이럴 때 미국 시장에서 휴대폰값이 바뀌기 전에 미국과 우리나라 사이의 화폐 교환비율인 환율이 먼저 바뀔 수 있기 때문이다.

메커니즘은 이렇다. 우리나라에서도 미국 달러와 원화를 바꾸는 시장이 있다. 제2, 3의 전우치가 미국에서 휴대폰을 팔고 이 시장에 달러를 자꾸 가져온다. 달러의 공급은 많아지는데 수요는 적다. 그럼 돈을 바꾸는 시장에서 달러값은 떨어진다. 원래 1달러당 1,100원이 거래됐는데, 달러의 공급이 계속 늘어나니 1달러에 1,100원보다 적은 원화를 주고 거래하는 사람들이 생긴다. 그렇게 달러값은 조금씩 떨어진다. 만약 1달러당 1,050원에 거래된다면 전우치는 미국에서 휴대폰을 1,000달러에 팔고 한국에서 원화로 바꾸면 105만 원을 받는다. 전우치가 휴대폰 한 대당 챙길 수 있는 이익은 5만 원이다. 이 이익을 챙기려는 전우치가 계속 나타날수록 달러 공급도 늘고, 달러값은 더 떨어진다. 결국 달러당 원화 환율이 1,000원이 될 때 전우치 같은 사람은 사라진다.

반대로 우리나라에서 1달러당 원화로 교환하는 비율이 900원으로 낮아진다면 어떤 일이 벌어질까. 한국에서 휴대폰을 100만 원

환율변동에 따른 통화가치 변동

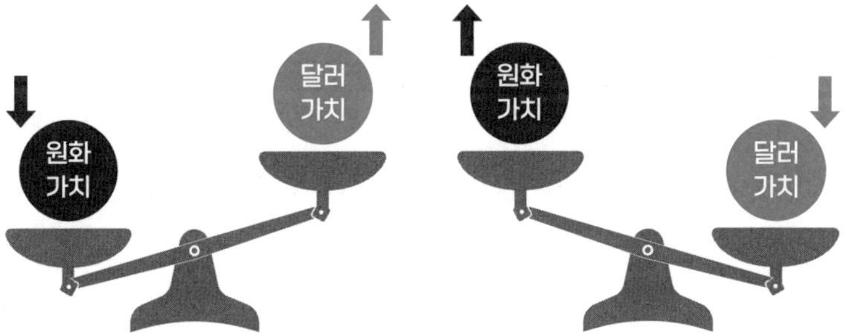

(원달러) 환율이 올랐다?!　　(원달러) 환율이 내렸다?!

주고 사서 미국에서 1,000달러를 받고 팔아오면 90만 원밖에 받을 수 없다. 손해나는 일을 전우치가 할 이유가 없다. 하지만 발상의 전환을 해보면 이익을 올릴 수 있다. 전우치가 우선 90만 원을 달러로 바꾸면 1,000달러를 받을 수 있다. 그다음 뉴욕으로 가서 1,000달러를 주고 휴대폰을 산다. 이 휴대폰을 한국으로 가져와 100만 원에 팔면 10만 원의 이익을 챙길 수 있다. 그럼 또 이런 식으로 거래하려는 제2, 3의 전우치가 나타난다. 돈을 바꿔주는 시장에서는 달러로 바꾸려는 원화가 넘치고 이로 인해 원화값은 떨어진다. 달러의 수요가 늘고, 공급은 그에 비해 부족하면서 점점 달러값은 오른다. 결국 1달러당 1,000원의 환율이 형성되어 이익을 얻을 수 없을 때 전우치도 사라진다.

전우치 얘기는 짧지만 환율에 대한 많은 내용이 담겨 있다. 먼저 물건을 옮기는 데 비용과 시간이 들지 않는 이상적인 경제에서는 전 세계에서 거래되는 물건의 가격은 동일하게 형성돼야 한다. 그리고 그런 가격이 형성되도록 환율이 움직여야 한다. 하지만 현실에 전우치는 없다. 따라서 이상적으로 화폐와 물건이 거래되는 완전한 시장도 없다. 이 때문에 환율은 끊임없이 움직이고 이 움직임에 따라 각국의 경제가 출렁거린다.

환율을 이해하는 출발점
: 국가, 화폐, 교역

환율을 이해하기 위해서는 국가, 화폐, 교역, 이 세 가지를 우선 이해해야 한다. 이 세 가지가 어우러지면서 환율을 만들고 환율의 움직임을 좌우하기 때문이다.

먼저 국가 없이 환율을 얘기할 수 없다. 서로 다른 두 개 이상의 국가가 있는 세계 경제에서만 환율은 의미를 갖는다. 두 번째로, 각 국가에서 서로 다른 화폐가 통용돼야 한다. 엘살바도르라는 나라는 미국 달러화를 자국 통화로 사용한다. 독일, 프랑스, 벨기에 등 유럽의 20개국은 유로화라는 단일통화를 사용하고 있다. 엘살바도르와 미국 간, 또 유로존 국가들 간에는 환율을 정의할 필요가 없다. 국가는 구분되지만 화폐가 구분되지 않아 환율이 불필요한 경우다. 마지막으로 두 개 이상의 나라가 서로 거래를 해야 환율은 의미를 갖는다. 조선시대 우리나라와 아프리카 가나는 국가도 다르고 각각의 화폐도 있었지만 양국 간 무역이나 여행 등의 교류가 일체 없었다. 이럴 때도 굳이 환율을 얘기하지 않는다.

국가, 화폐, 교역, 이 세 가지 조건이 충족되면 국가 간에 화폐를 교환해야 할 일들이 생긴다. 이때 화폐 간 교환비율, 환율을 정해야 한다. 환율은 두 개의 국가가 정해지면 하나의 비율로 정의된다. 예를 들어 한국과 미국, 두 국가의 원달러 환율이 1,000원으로 정의되는 식이다. 세계에 150개국이 있다면 환율의 숫자는 [(150×149) ÷ 2]로 총 1만 1,175개로 계산된다. 그렇다고 1만 개가 넘는 시장에서 여러 화폐를 교환하며 일일이 환율을 따지지는 않는다. 우리나라의 경우 외환시장에서 원화와 미국 달러화, 원화와 중국 위안화, 두 개의 통화만 직접 거래된다. 나머지 국가들과의 환율은 달러를 매개로 결정된다.

그 과정은 이렇다. 우리나라와 미국 달러화의 환율은 1달러당 원화의 교환비율로 결정된다. 원달러 환율 1,000원의 의미는 1달러를 1,000원으로 교환할 수 있다는 얘기다. 유럽 통화인 유로화와 달러화의 환율은 1유로당 달러로 고시된다. 예를 들어 유로달러 환율이 1.2라고 한다면 이는 1유로는 1.2달러로 외환시장에서 교환된다는 의미다. 이처럼 환율의 고시 방식은 국가마다 다르다. 한국, 일본, 중국 등은 1달러당 자국 화폐의 교환비율로 환율을 표시하는 반면 유럽, 영국 등은 유로나 파운드의 1단위당 달러 교환비율을 환율로 표시한다. 관행적으로 이렇게 환율을 표시해왔다.

환율의 성립 조건

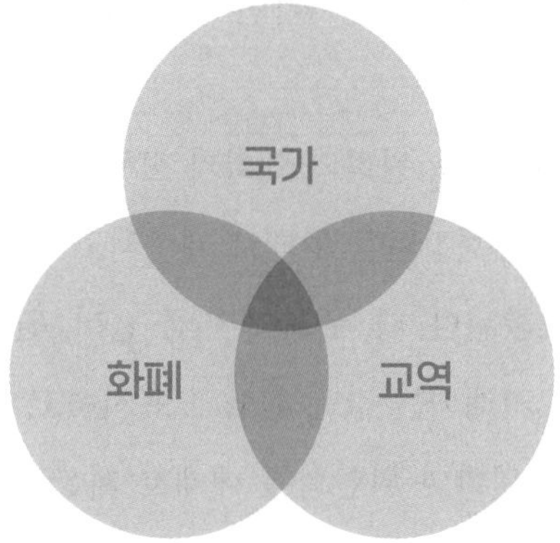

국가, 화폐, 교역 중 하나라도 빠지면 환율은 성립되지 않는다.

한국 외환시장에서는 달러와 원화가 거래되는 시장이 있고, 미국 뉴욕에는 달러와 유로화가 거래되는 외환시장이 있다. 각 시장에서 달러와 원화가 1달러당 1,000원에 거래되고, 달러와 유로가 거래되는 시장에서는 1유로당 1.2 달러가 교환비율이라고 하자. 이때 원화와 유로화 간 환율은 각 시장에서 거래된 환율을 기준으로 계산된다. 즉 달러당 원화 환율이 1,000원, 1유로당 달러 환율이 1.2달러라면 1유로당 원화 환율은 1,200원(1000×1.2)이다. 이렇게 시장에서 직접 거래되지는 않지만 달러를 매개로 결정이 되는 환율을 재정환율cross rate이라고 한다.

한국 원화와 일본 엔화 간 환율도 재정환율을 통해 결정된다. 한국 외환시장에서 달러당 원화 환율이 1,000원, 일본 동경 외환시장에서 결정된 환율이 1달러당 100엔이라면 원엔 환율은 100엔당 1,000원으로 표시된다.

이처럼 원화와 유로화, 원화와 엔화가 모두 직접 거래되는 시장은 없다. 하지만 환율은 재정환율 형태로 계산되고 고시되며, 이 비율로 양국 간 화폐는 교환된다. 즉, 원화와 미국 달러, 원화와 중국 위안화만 실제 시장에서 거래되는 값을 환율로 표시하고 나머지 환율은 모두가 원화와 달러, 원화와 위안화를 매개로 계산되는 재정환율인 셈이다.

환율을 결정하는 교역의 절대적인 힘, 상대적인 기술

한 부족 내에서 어떤 사람은 물고기를 잘 잡고 다른 사람은 나무 열매를 잘 딴다. 하지만 열매를 잔뜩 두고도 물고기가 먹고 싶고, 물고기를 잡은 사람은 열매가 맛있어 보이는 게 사람 마음이다. 이럴 때 서로 물물교환하면 물고기와 열매를 함께 먹을 수 있으니, 둘 다 만족할 수 있다.

개인 단위를 넘어서 부족 간에도 이런 교환을 할 수 있다. A라는 부족은 열매와 물고기 등 먹을 것이 많고 강 건너 사는 B라는 부족은 모자와 옷 등 입을 것을 잘 만든다. 이때 옷이 필요한 이들이 개별적으로 강을 건너가 먹을거리를 주고 옷을 받아오면, 너무 많은 비용이 낭비된다. 그리고 혼자서 강을 건너가는 것이 위험하기도 하다. A부족장이 아이디어를 냈다. 한 달에 한 번씩 부족민들에게 옷과 바꿀 수 있는 열매와 물고기를 걷는다. B부족장도 마찬가지로 먹거리와 바꿀 수 있는 옷과 모자를 걷는다. A와 B부족은 한 달에 한 번씩 만나 먹거리와 옷을 교환하고 자기 부족으로 돌아가 사람들에게 나눠준다.

부족 간의 거래도 모두에게 해피엔딩으로 끝나면 좋겠지만, 현실은 그렇지 않다. 교환비율이라는 문제가 발생하기 때문이다. A라는 부족은 물고기 5마리를 주면 옷 3벌은 받을 수 있다고 생각하고, B부족은 옷 2벌이면 물고기 5마리와 바꾸기에 충분하다고 생각한다. 두 부족은 흥정을 한다. 흥정을 할 때는 항상 힘의 논리가 작용한다. 힘이 센 부족은 조금이라도 자기 부족에게 유리하게 거래하려고 한다. 힘이 약한 부족은 울며 겨자 먹기로 힘이 센 부족에게 끌려갈 수밖에 없다. 교역을 할 때는 항상 부족의 힘이 중요했다.

시간이 지나면서 부족들은 국가라는 단위로 확장됐다. 국가 간에 발생하는 교역도 원리는 비슷하다. 고대 동서양 국가 간 교역에서는 금, 은, 향신료, 실크 등이 중요한 교역 품목이었다. 중국에서 실크를 사서 유럽으로 가져가면 부르는 게 값일 정도로 인기가 좋았다. 동양에서 후추를 가져가면 알갱이를 하나씩 세어 값을 메길 정도로 비싸게 팔렸다. 그러다 보니 동서양 국가의 상인들은 약탈 등의 위험에도 목숨을 걸고 교역을 했다. 또한 원활하게 교역하기 위해 육상에서는 실크로드를, 해상에서는 아프리카 대륙 남단의 희망봉을 통과하는 경로를 수십, 수백 년에 걸쳐 만들었다.

교역은 동서양을 막론하고 돈을 벌고 경제를 유지하기 위한 필수요소였다. 국가는 당연히 자국 상인들이 유리한 환경에서 가격을 협상할 수 있도록 물심양면으로 지원했다. 때론 군사력까지 동원해 무역을 이끌기도 했다. 근대국가가 형성된 이후에도 국가 간 거래는 불평등하고 불공정한 경우가 더 많았다. 큰 나라와 작은 나라가 교역할 때 큰 나라에 유리하게 협상이 이뤄지고, 그럴수록 잘사는 나라는 더 잘살게 돼 부의 격차는 커졌다.

국가 간 교역이 필요하다는 점은 누구나 이해하지만 '어떻게' 교역할지에 대해서는 항상 이견이 존재했다. 경제학의 아버지 애덤 스미스는 단순하고 명쾌한 논리로 국제무역의 필요성을 역설했다. 1700년대 영국에서는 양모 산업이 발달했고 포르투갈은 포도주를 잘 만들었다. 그는 이런 상황에서 영국은 모직물에 집중해 모직물만 만들고 포르투갈은 포도주를 만들어 교환하면 두 나라 모두에 이익이라고 주장했다. 이때 국가의 역할은 양국의 거래가 원활하게 이뤄지도록 뒤에서 도와주는 것이다. 교환비율이나 교역량 등은 양국의 생산자들이 알아서 결정한다. 이런 식의 자유무역이 확산되면 모든 국가들이 더 잘살 수 있게 된다는 논리다.

애덤 스미스의 자유무역 논리는 영국에서 발생한 산업혁명을 거치면서 좀 더 발전한다. 1769년에 제임스 와트가 증기기관을 발명한 것을 시작으로 각종 제조업 기술에서 연쇄적인 변화가 발생한다. 이로 인해 영국은 많은 제조 분야에서 다른 나라보다 높은 생산성을 확보하게 됐다. 종전에는 영국은 모직물을 잘 만들고 포르투갈은 포도주를 영국보다 더 잘 만들었다. 하지만 산업혁명을 거치면서 모직물의

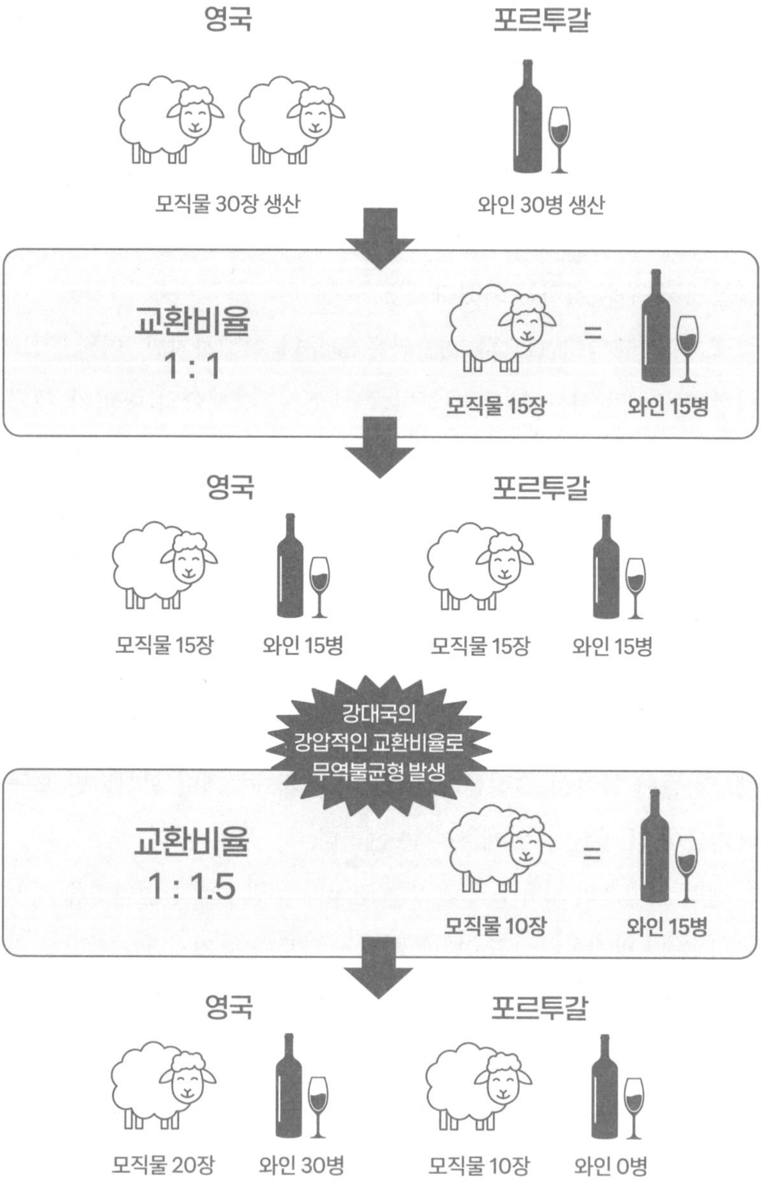
영국
포르투갈
모직물 30장 생산
와인 30병 생산
교환비율
1 : 1
모직물 15장
=
와인 15병
영국
포르투갈
모직물 15장
와인 15병
모직물 15장
와인 15병
강대국의
강압적인 교환비율로
무역불균형 발생
교환비율
1 : 1.5
모직물 10장
=
와인 15병
영국
포르투갈
모직물 20장
와인 30병
모직물 10장
와인 0병

- **애덤 스미스의 절대우위론**
  영국이 모직물도, 포도주도 잘 만들면
  포르투갈과 교역할 필요가 없다.

- **데이비드 리카도의 비교우위론**
  영국이 모직물을 더 잘 만들고 포르투갈이 포도주를 더 잘 만든다. 각자 잘하는 분야에 집중해서 서로 교환하면 두 나라 모두에게 더 이득이다.

- **프리드리히 리스트의 보호무역론**
  영국이 모직물과 포도주를 독점하면 포르투갈은 영원히 모직물 만드는 기술을 배우지 못한다. 그러므로 후발국은 자국의 제조업을 보호하기 위해 교역을 통제할 필요가 있다.

생산성이 획기적으로 증대됐고, 포도주를 만들고 보관하는 기술도 포르투갈을 능가하게 된 것이다. 애덤 스미스의 이론에 따르면 영국이 모직물도, 포도주도 잘 만들면 포르투갈과 교역할 필요가 없다.

하지만 데이비드 리카도라는 경제학자의 생각은 조금 달랐다. 영국이 모직물과 포도주 만드는 기술 모두 포르투갈보다 뛰어나더라도 교역을 하는 것이 유리하다고 주장했다. 영국이 두 제품 모두 더 잘 만들더라도 포르투갈의 기술력과 비교했을 때 양적 혹은 질적으로 차이나는 물건이 있다. 예를 들어 모직물은 영국이 포르투갈보다 2배 더 잘 만들지만 포도주는 1.5배 정도만 더 잘 만든다. 리카도는 이때도 영국이 모직물 생산에 집중하고 포르투갈은 포도주 생산에 집중해 물건을 만든 후 서로 교환하면 두 나라 모두 모직물과 포도주를 더 많이 소비할 수 있다는 경제이론을 개발했다.

애덤 스미스의 주장을 '절대우위론', 리카도의 주장을 '비교우위론'이라고 부른다. 두 주장에 차이는 있지만 결과적으로 자유무역을 긍정적으로 바라본다. 애덤 스미스와 리카도의 주장을 종합하면 두 나라 간에 경제발전의 정도나 생산성의 차이가 있더라도 자유롭게 무역을 하도록 국가가 보장하면 두 나라의 국민들은 모두 이익을 볼 수 있다는 얘기다.

교환비율을 정하는 문제, 힘과 경제 기초체력의 문제

두 사람의 주장을 받아들이더라도 두 가지 문제가 남는다. 하나는 교환비율이다. 영국이 집중적으로 모직물을 만든 후 포르투갈의 포도주의 교환할 때 어떤 비율로 교환하는 게 합당할까.

예를 들어 영국과 포르투갈이 각각 잘 만드는 물건에 집중해 영국은 모직물을 30장, 포르투갈은 포도주를 30병 만들었다. 모직물과 포도주를 1대 1로 바꾼다고 가정하면, 영국은 모직물 15장을 주고 포도주 15병과 교환할 수 있다. 이때 영국은 모직물 15장과 포도주 15병을 소비하게 된다. 똑같이 포르투갈도 모직물 15장과 포도주 15병을 소비한다.

모직물과 포도주를 1대 1로 바꿀 수 있지만 모직물 1장당 포도주 1.5병으로 바꿀 수도 있다. 교환비율에 따라 모직물 10장과 포도주 15병을 바꾸면, 영국은 모직물 20장과 포도주 30병을 소비할 수 있다. 포르투갈은 모직물 10장을 소비할 수 있지만 포도주는 소비할 물량이 없다. 영국이 얻는 이익이 훨씬 더 많은 것이다. 이처럼 두 나라가 얻는 이익의 양이 달라지기 때문에 교환비율은 매우 중요하다.

자유무역의 이론과 달리 모든 것이 시장에서 결정되는 것은 아니다. 두 나라의 교환비율이 정해지는 과정에서 국가가 개입한다. 일반적으로 국력이 센 나라가 교환비율을 유리하게 만들어가는 경우가 많다. 과거 영국은 자유무역을 표방했지만 그 과정에서 자신들에게 유리한 교환비율을 적용해 무역함으로써 국가의 부를 늘리고 세계 최강국이 될 수 있었다. 특히 식민지 국가와 교역할 때는 식민지 국가가 손해를 볼 정도로 교환비율을 책정해 불공정무역을 조장했다는 비판도 받는다.

또 하나의 문제는 경제발전과 관련된 것이다. 영국과 포르투갈의 사례에서 볼 때 모직물 제작에는 많은 기술이 요구된다. 양털을 뽑아 실로 연결하고 이를 모직으로 만드는 과정이 포도주를 만드는 것보다 훨씬 더 복잡하다. 반면 포도주 제조 기술은 비교적 단순해 마음만 먹으면 언제든 포도주를 만들 수 있다. 이런 상황에서 영국은 모직물에, 포르투갈은 포도주 생산에 집중한다면, 포르투갈 입장에서는 영원히 모직물 만드는 기술을 습득하기 어렵다.

두 나라가 사이가 좋아 계속 교역이 원활하게 이뤄지면 별문제가 없다. 하지만 국가 간 일은 어느 누구도 장담할 수 없다. 국가 간에는 어제의 우방이 내일의 적이 되는 경우가 다반사이기 때문이다. 만약 두 나라의 사이가 안 좋아져 교역이 중단된다면 영국 입장에서는 포도주를 자체 생산해 소비할 수 있지만 포르투갈은 그때부터 모직물을 소비할 수 없다. 포르투갈은 교역을 포기할 수 없는 상황에 처한 셈이고 영국은 이를 미끼로 여러 가지 부당한 요구를 할 수 있다. 포르투갈에는 기술 발전의 기회가 사실상 없어지는 것도 큰 문제다.

이 점을 독일의 경제학자 프리드리히 리스트가 꼬집었다. 그는 경제가 어느 정도 성장하고 기술이 발전한 선진국들이 자유무역을 주장해 후진국들의 기술 진보를 막는다고 주장했다. 이 때문에 후발국들은 제조업을 보호하기 위해 선진국과의 교역을 통제하고 자국 산업을 육성시켜야 한다고 역설했다. 그래야 나중에 선진국과 대등한 위치에 설 수 있다는 것이다. 이런 맥락에서 볼 때, 자유무역일지라도 국가가 나서서 어느 정도 무역을 통제할 필요가 생긴다. 리스트의 논리에 따르면, 영국산 모직물이 값싸고 질이 좋다고 해도 일정량만 수입하고, 포르투갈도 모직물을 생산할 수 있는 기술을 습득하고 어느 정도는 국내 소비를 감당할 수 있어야 경제발전이 원활하게 진행될 수 있기 때문이다. 실제로 독일은 리스트 같은 학자들의 주장을 받아들여 보호무역을 통해 기술 진보를 이룬 나라로 꼽힌다.

오래전부터 두 나라가 교역하는 과정에서 국가의 개입은 언제 어디서나 존재했다. 교역에서의 국가의 개입은 환율과 관련해 매우 중요한 단서를 던져준다.

금본위제 → 달러본위제 → 시장 본위?!

교역의 초기 형태는 물물교환이다. 국가 간에 바꾸고자 하는 물건을 가져가서 필요한 물건과 교환해 다시 가져오는 방식이다. 이때 두 물건 간의 교환비율을 어떻게 정할지에 따라 두 국가의 희비가 엇갈린다. 그러다 등장한 것이 금이다. 금은 한동안 국가 간 공통화폐이자 교역의 기준이었다.

금을 교역의 기준으로 삼은 것은 꽤 오래전이다. 고대 그리스의 역사가 헤로도토스가 쓴 《역사》라는 책에 금을 활용한 무역의 원시적 행태가 나온다. 현재 아프리카 튀니지 지역에 있던 기원전 국가 카르타고의 사람들은 아프리카 북부 리비아 인근에 살고 있는 부족과 교역했다. 그들은 우선 배에 물건을 싣고 리비아 인근 해안가에 물건을 펼쳐놓는다. 그러고는 배로 돌아가 그 근처에서 연기를 피운다. 내륙에 있던 부족은 연기를 보고 나와 물건들을 살펴보고 그 물건에 해당하는 금의 양을 놓고 간다. 다음 날 카르타고 사람들이 물건을 펼쳐놨던 장소로 돌아와 금의 양을 살핀다. 만족스럽지 않으면 다시 배로 돌아가 기다린다. 리비아 부족은 다시 왔을 때 금과 물건의 양이 그대로면 금을 조금 더 놓고 간다. 이 과정을 반복해 만족스러울 만큼 금이 모이면 카르타고 사람들은 금을 가지고 돌아갔다. 그제야 리비아 사람들도 물건을 가지고 올 수 있었다.

실제 존재했던 것으로 추정되는 이런 교역을 역사가들은 '침묵 교역'이라고 불렀다. 기원전의 방식이지만 여기에는 교역의 원칙들이 고스란히 담겨 있다. 교역 당사자들은 가격 협상을 진행했고 서로가 만족스럽다고 생각할 때 교역이 이뤄진다. 교역의 방식 자체도 폭력이 수반되지 않은 평화적인 거래다. 이처럼 금은 국가 간 교역을 할 때 중요한 매개 수단이었다. 금이 만국의 공통화폐로 통용될 때는 환율의 문제도 발생하지 않는다.

영국과 포르투갈은 오래전부터 모직물과 포도주를 교역해왔다. 이때도 금이 중요한 역할을 했다. 영국에서는 모직 1장이 금 1그램과 교환되고 포르투갈에서는 포도주 1병이 금 1그램과 교환된다고 생각해보자. 양국이 교역을 할 때 모직 1장과 포도주 1병을 교환하면 아무 문제가 없다. 또 영국이 금 1그램을 가져가 포르투갈에서 포도주 1병을 사고 포르투갈은 영국에 가서 금 1그램을 주고 모직물 1장을 살 수도 있다.

이런 방식의 교역이 이뤄지다가 각국은 금을 기반으로 국가별 화폐를 만들기 시작했다. 매 거래에 금을 사용하는 것이 불편했기 때문이다. 영국은 국내에 있는 금 1톤을 기준으로 총 10만 파운드화를 만들어 유통시켰고 포르투갈도 보유하고 있는 금 1톤을 기준으로 10만 이스쿠두화를 만들었다. 이 경우 금 1그램은 1파운드 또는 1이스쿠두가 된다. 영국이 모직 1장을 포르투갈에 팔고 1이스쿠두화를 받아오면 이 돈으로 언제든지 포도주 1병을 살 수 있다. 과거 금 1그램을 받아오던 것과 차이가 없다. 포르투갈도 마찬가지다. 이런 규칙이 철저하게 지켜진다면 두 나라 간 무역에는 별문제가 없다.

하지만 시간이 갈수록 이 약속은 지키기 어려워진다. 영국 왕실은

금이 만국의 공통화폐로 통용될 때는 환율의 문제가 발생하지 않았다.

돈을 더 찍어내고 싶은 유혹에 시달린다. 금을 더 생산하는 건 어렵지만 금을 기준으로 화폐를 만드는 건 그보다 훨씬 쉽기도 하다. 급기야 영국 왕실은 돈이 필요할 때 파운드화를 10만 파운드를 더 찍어내 유통시킨다. 시장에 화폐의 양이 두 배로 늘어나면 화폐의 가치 역시 두 배로 떨어져 1파운드당 가치는 금 0.5그램으로 감소한다. 이때 어떤 일이 벌어질까.

영국은 전과 마찬가지로 포르투갈에 가서 모직 1장을 팔고 1이스쿠두를 받아온다. 이 돈으로 포도주 1병을 산다. 영국의 화폐 발행이 늘어난 것을 모르는 포르투갈은 종전처럼 포도주 1병을 팔고 1파운드를 받는다. 그다음 이 돈으로 모직물 1장을 사려고 했더니 모직물 값이 2파운드로 올랐다. 포르투갈 사람들은 결국 포도주 2병을 팔고 2파운드를 받아야 영국의 모직물 1장을 살 수 있게 된다. 포르투갈은 양국 간 환율을 '1파운드=1이스쿠두'에서 '2파운드=1이스쿠두'로 조정하자고 요구할 수 있다. 영국이 이를 받아들이면 양국 간 화폐 교환비율인 환율이 변한다. 만약 영국이 이를 거부한다면 국가 간 분쟁이 발생한다. 또 다른 방법으로 포르투갈도 이스쿠두의 발행량을 2배로 늘릴 수 있다. 이 경우 포도주 1병값도 2이스쿠두로 높아진다. 영국과 포르투갈 간 환율은 같지만 물건의 값은 2배로 오른다. 이런 일이 반복되면 금을 기준으로 화폐를 발행하고 이를 기반으로 양국 간 화폐의 교환비율을 고정하는 제도는 점차 효력을 잃게 된다.

금본위제를 대체하기 위해 한때 미국은 금을 기준으로 달러와 각국 간의 환율을 고정시키는 방식의 '달러본위제'를 시행했다. 2차 세계대전 후 44개국이 모여 만든 '브레튼우즈 체제'가 이런 방식의 환율제도를 도입했다. 하지만 이 역시 미국이 달러의 양을 과도하게 늘리면서 달러값은 시간이 갈수록 떨어졌다. 아무리 미국이라도 늘어나는 달러 수요에 맞춰 금을 생산할 수 없으니, 금의 양과 상관없이 달러 발행을 늘렸다. 그러자 금과 비교해 달러값이 떨어질 것이라는 우려가 퍼졌다. 급기야 세계 각국은 갖고 있던 달러를 미국으로 가져가 금으로 바꿔달라고 요구했다. 바꿔줄 금이 없던 미국은 결국 '항복선언'을 하고, 달러본위제도 막을 내렸다.

그러면서 국가 간 화폐의 교환비율을 시장에 맡겨 결정하는 변동환율제도가 주요국가들 사이에 자리 잡았다. 각국 내부의 경제 환경이나 정책 변화에 따라 외환시장에서 환율이 영향을 받고, 또 환율의 영향으로 각국의 경제지표도 영향을 받는 상황이 계속됐다. 지금 우리나라를 비롯한 세계 각국이 모두 이런 상황에 처해있다.

국가 개입 없는 외환시장은 없다

자장면 가게를 운영한다고 가정하자. 오전 11시부터 오후 8시까지 가게 문을 열고 손님을 받는다. 이렇게 영업하면 하루에 자장면 100그릇 정도를 판다. 자장면값이 5,000원이면 하루에 50만 원의 매출을 올릴 수 있다. 인건비와 공과금 등 하루 30만 원의 운영 비용을 제하면 20만 원이 이익으로 남는다. 그러다 어느 날 특별가로 자장면을 4,500원에 팔았더니 손님들이 대거 몰려온다. 하루에 100명 오던 손님들이 200명으로 늘었다. 매출은 단번에 90만 원으로 늘었다. 200명의 손님을 받을 때의 운영비 50만 원 정도를 제하니 40만 원의 이익이 남는다. 자장면 가게 사장님은 어떤 것을 선호할까. 대부분 가격을 좀 낮춰서 매출을 확 늘려 돈을 많이 버는 것을 선택할 것이다.

대기업과 국가경제도 비슷하다. 삼성전자는 스마트폰을 만들어 미국에 수출을 한다. 스마트폰 1대 값은 100만 원, 미국 수출 물량은 1만 개라고 가정하자. 원달러 환율은 1달러당 1,000원이다. 삼성전자는 미국에서 1,000달러에 스마트폰을 팔고 총 1,000만 달러의 매출을 올린다. 이 돈을 한국으로 가져오면 100억 원이다. 각종 비용 50억 원을 빼면 우리나라 기업에 남는 이익은 50억 정도다.

자장면 가게의 경우와 마찬가지로 삼성전자가 미국에서의 스마트폰값을 900달러로 낮추면 판매량은 2만 대로 늘어난다고 생각해보자. 이 경우 삼성전자의 미국 내 매출은 1,800만 달러로 급증한다. 이 돈을 한국으로 가져오면 180억 원이다. 1만 대의 제조 비용이 50억 원이라면 2만 대를 만들 때는 90억 원이 든다. 제조의 경우 제조 비용이 생산량에 정확히 비례해 증가하는 것은 아니기 때문이다. 이때 삼성전자의 국내 이익은 90억 원으로 늘어난다.

이런 상황을 고려해 삼성전자는 국내에서 100만 원 하는 스마트폰값을 미국에서는 900달러 정도로 낮춰 받으려고 할 수도 있을 것이다. 이익이 많이 나는데 굳이 마다할 이유가 없다. 반면 삼성전자가 스마트폰값을 낮춰 시장을 잠식하면 미국 기업인 애플의 스마트폰 판매량이 줄어들 수밖에 없다. 애플은 삼성전자의 가격정책을 비판하고 미국정부는 이를 수용해 한국에 항의한다. 미국 소비자들이 싼값에 핸드폰을 구입해 혜택을 누리는 것보다 생산자인 애플이 불이익을 받는 게 미국으로서는 더 큰 문제다.

물건값을 내리는 수단, 환율의 힘

실제로 국제무역의 세계에서는 물건을 비싸게 파는 것보다 싸게 파는 것이 더 큰 문제를 일으키는 경우가 많다. 국내 물건값은 그대로 두고 해외 물건값을 낮춰서 물건을 많이 파는 행위를 국제무역에서는 '덤핑dumping'이라고 한다. 국제무역에서 덤핑은 불공정무역으로 지탄을 받는 행위다. '물건을 싸게 파는 것이 문제'라는 것이 아이러니하지만, 국제무역을 이해하는 주요한 길이다.

재밌게도, 환율이 바뀌면 이 같은 불공정한 무역행위가 정당화될 수 있다. 예를 들어 삼성전자가 스마트폰을 판매할 때 환율이 1달러당 1,000원에서 1달러당 1,100원으로 바뀐다고 가정해보자. 이 경우 한국에서 100만 원인 삼성전자의 스마트폰 가격은 미국에서는 909달러 정도가 적정 가격이다. 그래야 한국의 100만 원과 비슷한 값이기 때문이다. 이때 삼성전자가 미국 판매용 스마트폰 가격을 900달러 정도로 낮춰도 별문제가 되지 않는다. 이런 가격 변화는 덤핑이라고 할 수 없다. 새로운 환율(1달러=1,100원)을 적용할 때 한국의 가격과 미국의 가격이 거의 같기 때문이다.

삼성전자가 미국에서 스마트폰값을 900달러로 낮추면 판매량이 2만 대로 오른다고 하자. 미국에서 스마트폰 판매 수입은 1,800만 달러고, 이 돈을 한국으로 가져오면 198억 원의 수입을 올릴 수 있다. 비용 90억 원을 제하면 108억 원이 이익이 남는다. 삼성전자 입장에서는 환율이 1달러당 1,000원일 때, 미국 스마트폰값을 900달러로 책정하면 90억 원의 이익을 올렸다. 하지만 환율이 1달러당 1,100원으로 오르고 미국 스마트폰 가격을 그대로 900달러로 팔면 그 이익은 108억 원으로, 환율변동 없이 가격을 내렸을 때보다 18억 원이나 더 많은 이익을 올릴 수 있다. 아울러 덤핑 등 불공정무역이라는 비판도 피해갈 수 있다. 환율만 높아진다면 수출기업 입장에서는 더 없이 좋은 환경이 만들어지는 것이다.

세계 자본주의가 발달하면서 개발도상국 입장에서는 수출을 통해 외화를 벌어들이는 것이 매우 중요했다. 한국도 마찬가지다. 한국도 달러가 있어야 해외로부터 석유 등 원자재는 물론 각종 공산품을 들여올 수 있었다. 외화를 벌 수 있는 방법은 사실상 수출이 유일하다. 이 때문에 경제개발 초기에는 수단과 방법을 가리지 않고 수출을 장려해 달러를 벌어들였다. 1970년대부터 정부가 수출을 많이 하는 기업에 훈장 수여, 보조금 지급 등 각종 혜택을 줬다. 아울러 수출가격을 낮춰서 수출물량을 늘리다 덤핑 국가로 낙인이 찍힌 때도 있었다. 외환시장에 개입해 인위적으로 환율을 올려 수출을 장려하는 것도 방법 중 하나였다. 개별 기업이 외환시장에 개입할 수 없으니 국가가 나서서 환율을 조정함으로써 수출기업에 도움을 줬다. 환율과 국가의 경제정책은 떼려야 뗄 수 없는 관계가 됐다.

환율은 당연히 수입에도 영향을 미친다.

미국산 소고기를 수입해 판매하는 'US미트'라는 회사가 있다고 하자. 이 회사는 매년 미국에서 1킬로그램당 10달러의 값을 주고 1만 킬로그램의 쇠고기를 수입해 한국에서 킬로그램당 1만 원에 판매한다. 총 수입 금액은 1억 원이다. 만약 환율이 1달러당 1,100원으로 오르면, 소고기 수입 가격도 킬로그램당 1만 1,000원으로 오른다. 국내 소비자들은 미국산 소고기를 종전보다 10% 높은 가격을 주고 사야 한다. 수입 가격 인상으로 국내에서의 미국산 소고기 수요가 5,000킬로그램으로 감소한다면 소고기 수입 비용도 5만 달러로 줄어든다. 이를 원화로 환산하면 5,500만 원이다. 미국산 소고기 수입량이 줄어들면 소고기를 수입해서 판매하는 US미트의 매출과 수익도 줄어든다. 원달러 환율이 1달러당 1,100원이 되면서 스마트폰 수출은 늘어나고 소고기 수입은 줄어드니 한국의 전체적인 무역수지는 흑자가 된다. 즉 수출업자는 이익을 보고 수입업자와 국내 소고기 소비자들은 손

원달러 환율과 한국 무역수지

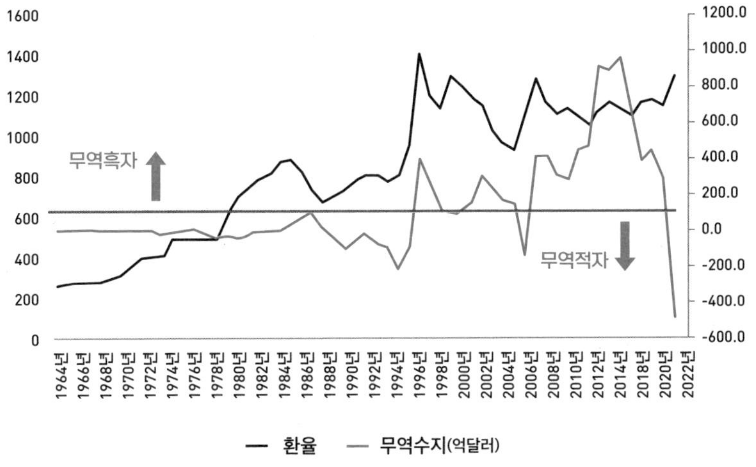

해를 본다.

환율의 변화는 이익을 보는 사람과 손해를 보는 사람을 극명하게 가른다. 국가가 누구의 입장에서 환율정책을 펴느냐에 따라 이익을 보는 사람과 손해를 보는 사람이 생긴다. 이 때문에 환율은 정치와도 관련이 있다. 국가가 환율의 움직임을 예의주시하면서 정책을 펴야 하는 이유다.

일상에 깃든 환율,
환율에 깃든 일상

자본주의 시장경제에서 모든 상품은 화폐의 가격으로 표시된다. 이 과정에서 명목nominal 가격과 물가상승(인플레이션)을 고려한 화폐 구매력을 반영한 실질real 가격의 개념이 등장한다. 환율에도 명목과 실질 개념이 있다. 1달러가 1,000원과 교환된다면 환율은 1,000원으로 고시된다. 이때의 환율은 화폐단위로 표시한 명목환율이다. 외환시장에서 결정되고 우리가 주변에서 보는 환율은 명목환율이다.

물건의 가치를 결정하는 명목환율과 실질환율

실질환율은 실제 상품이 교환되는 비율이다. 한국과 미국을 예로 들면 한국 상품 한 단위는 미국 상품 몇 단위에 해당하는지로 표시된다. 가장 대표적인 것 중 하나가 맥도날드 빅맥의 가격을 비교하는 것이다. 빅맥 하나에 미국에서는 5달러, 한국에서는 5,000원이고 환율은 1달러당 1,000원이라고 가정하자. 미국에서 빅맥 하나의 가치를 원화로 표시하면 5,000원이다. 한국에서도 5,000원을 주고 빅맥을 사먹을 수 있다. 이때 한국 빅맥 하나의 실질가치를 미국의 빅맥 하나로 표시한 실질환율은 1이 된다.

한국 물가가 올라 한국에서의 빅맥 가격이 6,000원이고, 명목환율은 1,000원으로 변함이 없다고 가정하자. 미국의 빅맥 가격을 원화로 표시하면 5,000원, 한국에서 사먹는 빅맥 가격은 6,000원이다. 이때 실질환율은 6000÷5000의 값인 1.2이다. 한국 빅맥 하나의 실질가치는 미국 빅맥 1.2개와 같다는 의미다. 한국의 빅맥값이 상대적으로 비싸다는 의미고, 이 경우 빅맥만 놓고 보면 미국에서 사먹는 것이 훨씬 비용이 적다.

한국에서 빅맥 가격이 5,000원이더라도 명목환율이 1,200원으로 오른다면 미국의 빅맥 하나의 원화 가격은 6,000원이다. 이때 미국 빅맥과 비교한 한국 빅맥의 상대적인 가치인 실질환율은 5000÷6000의 값인 0.83으로 떨어진다. 한국에서 빅맥 하나의 비용으로 미국에서는 0.83개, 즉 하나를 사먹지 못한다. 같은 빅맥이라도 우리나라 빅맥의 값이 상대적으로 싸다는 의미다. 실질환율은 우리나라 물가가 상대적으로 미국보다 낮거나, 명목환율이 상승하면 떨어진다.

빅맥을 예로 들었지만 실제로 한국과 미국 간에는 수많은 물건과 서비스가 교류된다. 그중에는 소비량은 적지만 꼭 필요로 하는 사람들이 있어 수입해오는 물건도 있고, 자국에서도 만들 수 있어서 수입량이 적은 물건도 있을 것이다. 각 상품의 소비량이나 중요도가 다른 것까지 감안해 가중평균을 구한 값이 그 나라의 물가지수다. 명목환율이 외환시장에서 결정되고 여기에 양국 간 상대적인 물가지수의 변화를 감안해 계산한 환율이 실질환율이다.

예를 들어 외환시장에서 원달러 환율이 1달러당 1,000원으로 계산되고 각 나라의 물가지수가 100으로 같을 때, 양국의 실질환율을 1이라고 하자. 한국 물가지수가 200으로 올랐다면 미국 물건의 달러당 가치는 변화가 없지만 한국 물건의 달러당 가치는 두 배로 높아진다. 이 경우 실질환율은 2가 된다. 1달러짜리 미국 물건 하나에 해당하는 한국 물건은 0.5개인 셈이다. 거꾸로 얘기하면 한국 물건 하나는 미국 물건 2개와 맞먹는다. 반대로 한국의 물가지수가 50으로 떨어졌다면 실질환율은 0.5로 떨어진다.

반면 물가변동이 없다면 실질환율은 명목환율 변화에 따라 달라진다. 물가는 변동이 없고 한국과 미국 간의 명목환율이 올라가면 한국 물건 한 단위로 교환되는 미국 물건의 양이 줄어들기 때문에 실질환율은 떨어진다. 실질환율이 낮다는 것은 그만큼 우리나라 물건이 해외보다 싸다는 의미다. 이 때문에 해외에서 우리나라 물건에 대한 수요가 늘어나고 이로 인해 수출도 늘어난다. 반면 실질환율이 높다는 것은 우리나라가 만든 물건의 값이 해외에 비해 상대적으로 비싸다는 것을 의미하기 때문에 수출이 감소하는 요인으로 작용한다.

수출경쟁력을 보여주는 실질실효환율

한국은 미국 외에도 200개가 넘는 국가와 거래한다. 여러 교역 국가를 감안해 원화값이 세계 교역무대에서 어떻게 움직이는지 평가할 때 활용되는 개념이 실효환율이다. 특정 연도를 기준으로 여러 다른 나라와의 교역 비중을 반영해 가중평균한 값이다. 실효환율도 원화가치의 변동을 표시하는 지수이기 때문에 원화를 기준으로 계산된다. 이때는 지수가 오르면 원화가치가 오른 것이고 지수가 떨어지면 원화가치가 하락한 것이다. 외국 화폐 한 단위당 교환되는 원화를 의미하는 명목환율로 표시된 경우 환율이 오르면 원화가치가 떨어지는 것과 반대라고 할 수 있다.

실질실효환율은 실질환율의 개념과 실효환율을 개념을 합해 측정한 지표다. 실질환율은 양국 간 명목환율에 상대적인 물가지수를 감안해 계산된 환율이고, 실효환율은 여러 나라와의 교역 비중을 감안해 가중치를 부여해 계산한 지수다. 즉, 물가를 감안해 계산한 실질환율의 변화를 교역 비중의 가중치를 감안해 계산하면 실질실효환율이 계산된다.

실질실효환율은 우리나라 수출경쟁력의 변화를 종합적으로 보여준다. 실질환율과 마찬가지로 실질실효환율이 떨어진다는 것은 우리 상품의 가격이 상대적으로 싸다는 의미다. 이는 대외적인 수출경쟁력이 높아진다는 것으로 받아들여진다. 우리나라의 실질실효환율은 2020년을 100으로 기준 삼아 볼 때 1990년대 후반과 2006년에 120까지 올랐다가 2024년 5월에는 95 전후로 하락한 상태다.

원화 실질실효환율 지수

자료=BIS, 한국은행

명목환율, 실질환율, 물가지수, 무역 비중 등 복잡해 보이지만 이 모든 개념을 관통하는 중요한 점이 있다. 환율은 국가정책뿐만 아니라 우리 일상과도 아주 밀접하다는 사실이다. 실질실효환율에는 세계 각국의 물가와 우리나라와의 교역관계가 모두 반영돼 있다. 이 환율이 낮으면 내가 다니는 회사의 수출은 원활하지만, 유학이나 여행 등으로 인해 개인적으로 외화가 필요할 경우 상당한 부담이 될 수 있다. 조금만 자신이 서 있는 위치를 바꾸면 같은 환율도 다르게 느껴지는 것이다. 이것이 환율을 넓은 시각에서 이해해야 하는 이유이기도 하다.

환율을 통제할 수 있다는 착각

여러 국제기구 회원국의 숫자로 전 세계에 있는 나라를 판단해볼 수 있다. 국제연합(UN) 가입국가 수는 193, 정식 회원국은 아니지만 관찰자로 회의에 참석할 수 있는 옵저버국가로 바티칸과 팔레스타인이 있어 총 195국이 UN과 관련돼 있다. 국제올림픽연맹(IOC) 가입국가 수는 이보다 더 많은 206개, 국제축구연맹(FIFA) 가입 기준으로는 211개다. 우리나라 외교부 자료에는 228개가 세계 국가 수로 기록돼 있다.

세계 경제권에 편입돼 있는 국가는 세계은행(WB) 가입국가 수 기준으로는 187개, 국제통화기금(IMF) 가입국가 수로는 194개에 달한다. 200여 개의 국가가 있지만 각국의 경제 통계를 보면 그 규모는 제각각이다. IMF가 집계한 자료를 보면 2021년 기준으로 전 세계 194개 국가의 국내총생산(GDP)은 총 96조 4,855억 달러에 달한다. 이 중 미국의 GDP는 21조 3,151억 달러로, 전 세계 GDP의 24.2%를 생산하고 있다. 중국이 17조 7,593억 달러로 전 세계 GDP의 18.4%를, 그다음은 일본, 독일, 인도 순이다. GDP 상위 10개국이 전 세계 GDP의 67.9%를 차지한다. 상위 20개국의 GDP 비중은 81%에 달한다. 한국의 GDP는 1조 8,184억 달러로 집계된다. 2021년 기준으로 한국의 GDP 세계 순위는 11위를 차지하지만 미국 GDP의 10%도 되지 않는다. 세계 최대 국가인 미국 GDP는 세계 최소 국가인 투발루 GDP의 38만 8,500배가 넘는다. 모두가 주권 국가이지만 경제 규모로 볼 때 '사이즈'가 다른 모양새다.

국가의 경제 규모와 외환시장

경제 규모의 차이는 국가별 통화에 그대로 반영된다. 국제결제은행(BIS)이 2022년 4월에 집계한 자료에 따르면 전 세계 외환상품시장 거래액은 일평균 7조 5,000억 달러에 달한다. 외환상품 종류별로는 외환스왑 거래 규모가 50.7%로 가장 많다. 스왑Swap이란 일정 조건하에 서로의 통화를 바꾸기로 약정하는 거래다. 현재의 통화를 미래의 통화와 바꾸는 거래도 일종의 스왑 거래다. 스왑 다음으로 실제 시장에서 각국 통화를 거래하는 현물환거래가 28.1%를 차지하고 미래의 특정 시점에 통화를 바꾸기로 약정하는 선물환거래가 15.5%를

국제 외환시장 통화별 거래 비중

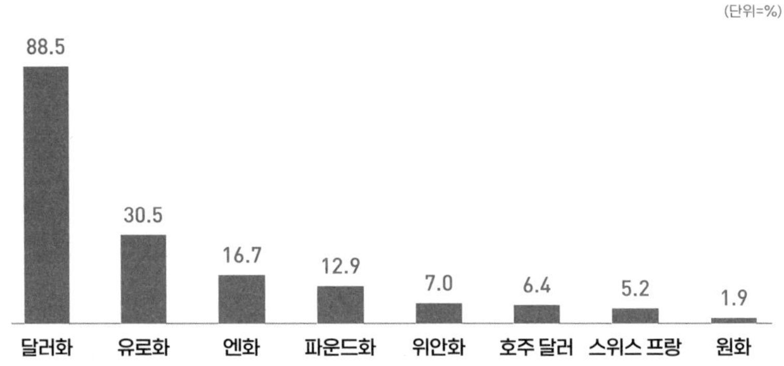

자료=BIS

차지한다.

통화별 거래 규모는 더 천차만별이다. 미국 달러화의 거래 비중이 88.5%로 90%에 육박한다. 유로화는 30.5%로 뒤를 잇는다. 그다음으로는 일본 엔화(16.7%), 영국 파운드화(12.9%), 중국 위안화(7%) 순이다. 외환거래는 두 통화 간의 거래이기 때문에 전체 거래량은 양쪽 통화를 합산해 200%로 집계된다. 한국 원화의 거래 비중은 1.9%로 전체 순위는 12위다. 미국 달러가 원화보다 무려 46.6배나 많이 거래되는 셈이다. 실물시장보다 외환시장에서는 국가별, 통화별 편중 현상이 훨씬 더 심하다.

이런 현실을 감안하면 세계 외환시장에서 얼마나 많이 거래되는지에 따라 국가 통화의 힘이 결정된다고 볼 수 있다. 미국 달러의 경우 압도적으로 파워가 크고 그 다음으로 유로화, 엔화, 파운드화, 위안화 순이다. 아울러 10위권 이하로 내려가면 거래 비중이 1% 이하로 떨어지기 때문에 순위는 큰 의미가 없다고 볼 수 있다. 극단적으로 말해보면 10위권 밖의 나라들은 달러가 일시적으로 빠져나가면서 경제가 큰 충격에 빠지는 외환위기가 발생할 가능성이 늘 상존하고 있다고 볼 수 있다.

거래 규모가 큰 통화를 갖고 있는 나라들의 외환시장은 웬만한 충격에도 흔들리지 않는다. 예를 들어 미국 외환시장에서 수십 억 달러가 일시에 회수, 유출되더라도 시장의 충격은 크지 않다. 달러는 세계에서 가장 많이 거래되므로 다른 거래가 이를 상쇄할 가능성이 크기 때문이다. 반면 한국 외환시장에서 수십, 수백 억 달러가 일시에 유입되거나 유출된다면 시장은 큰 충격을 받는다. 원화가치가 변하고, 환율도 급변동하면서 수출입기업의 가격경쟁력을 예측하기 어렵고, 경제 전반에 불확실성이 높아져 기업의 투자와 소비를 위축시킬 수 있다. 달러 유출로 인해 투자자들이 주식을 대량으로 매도해 주가가 급락하는 등 금융시장도 불안정해진다.

고정환율제 vs. 변동환율제

외환시장은 국가경제에서 매우 중요하기 때문에 각국 정부가 외환시장에 어느 정도 개입할 수 있도록 관련 제도를 운영하고 있다. 다양한 제도가 있지만 그 목적은 똑같다. 정부가 나서서 외환시장을 안정시킴으로써 환율변동이 각국의 실물경제와 금융시장에 미치는 영향을 최소화하는 것이다. 특히 외환규모가 작은 나라일수록 외환시장이 국가경제에 미치는 영향이 커져 국가가 개입하고 통제하는 강도도 세진다.

국제통화기금은 각국의 외환제도를 몇 가지로 구분한다. 자국 통화가 없는 나라부터 100% 시장에 맡기는 나라까지 상황과 기준은 다양하다. 그에 따라 환율제도도 다양한데 기본적으로 고정환율제도에서부터 자유변동환율제도까지 그 범주가 다양하다. 고정환율제도가 가장 경직적인 제도이고 자유변동환율제도가 가장 시장 친화적인 제도다. 각각의 외환제도를 가르는 기준은 환율의 움직임과 이에 따른 정부의 시장 개입 강도다. 각국은 자국이 처한 경제 상황에 맞춰 환율제도를 운영하고 있다.

먼저 자국 통화가 없는 나라들이 있다. 에콰도르, 엘살바도르, 팔라우 등 몇몇 국가는 미국 달러화를, 코소보와 몬테니그로 등은 유로화를 자국의 통화로 사용한다. 이런 나라에는 환율이라는 개념이 없다. 환율을 통해 자국 실물시장과 금융시장에 유리한 정책을 펴는 것이 불가능하고, 미국과 유럽의 통화정책의 결과를 그대로 받아들여야 한다. 이런 이유 때문에 이들 나라에 '통화주권이 없다'고 말한다.

다음은 국내 통화와 다른 특정 국가와의 환율을 고정시키는 제도다. 가장 강력한 고정환율제도는 통화위원회(currency board arrangements) 제도로, 통화량을 조절해 환율을 고정하는 방식이다. 환율을 고정하는 기준이 되는 통화는 주로 달러와 유로화다. 홍콩, 도미니카 등은 달러

고정환율제도부터 자유변동환율제까지, 환율제도의 스펙트럼은 넓다. 자국 통화가 없는 나라는 미국 달러나 유로화를 사용한다. 세계 금융시장에서 힘을 갖는 화폐는 사실상 몇 개 없는 셈이다.

에, 보스니아 헤르체고비나와 불가리아는 유로화에 고정시켜 놓는다. 고정환율제도는 환율이 고정돼 있어 환율변동에 따른 위험이 없다는 장점이 있다. 단점으로는 환율을 고정시키는 목적 이외의 통화정책이 거의 불가능하다는 점이다. 예를 들어 환율이 1달러당 1,000원으로 고정돼 있을 때 외환시장에서 달러량이 늘어나면 달러값은 상대적으로 떨어지고 원화값은 오르게 된다. 고정환율제도를 유지하기 위해 통화 당국은 달러를 계속 사들여 달러에 대한 수요를 높여야 한다. 그래야 달러값이 1,000원으로 안정될 수 있다. 이들 국가는 환율을 고정시키는 대가로 물가안정을 포기하는 셈이다.

고정환율제도의 다른 형태는 페그제peg system 또는 통화바스켓currency basket 제도다. 이는 자국 통화를 국제통화 하나 또는 여러 국가 통화의 가치를 평균한 값에 연동시켜 놓고 일정 부분의 변동을 허용하는 제도다. 오만, 카타르, 사우디아라비아 등 산유국들은 미국 달러가치에, 카메룬, 중앙아프리카공화국은 유로화에 연동시키고 있다. 피지와 리비아는 통화바스켓에 자국 통화가치를 연동시켰다. 환율의 변동폭은 기준 환율의 상하 1% 정도다. 이 제도의 특징은 통화위원회제도보다는 환율의 변동 가능성을 소폭이나마 인정한다는 것이다. 이 덕에 환율을 고정시키는 데 대한 부담은 줄고 조금이나마 자국 통화정책을 펼칠 공간을 마련할 수 있다. 일부 국가는 통화가치 변동폭을 1%보다 조금 더 많이 허용하기도 한다.

크롤링페그crawling peg 제도는 환율을 연동시켜 놓은 주요 국가와 자국의 경제 상황을 반영해 주기적으로 환율을 조정하는 제도다. 인플레이션 목표 등 경제 환경 변화가 환율을 조정하는 주요 지표로 활용된다. 온두라스, 니카라과, 보츠와나 등이 이 제도를 시행하고 있다. 주기적으로 환율의 기준점을 바꾸면서 환율변동폭을 1% 정도로 허용하는 경우도 있다.

반면 변동환율제도는 기본적으로 환율의 기준점이나 환율의 움직임과 관련된 어떤 경로도 사전에 고정하지 않는다. 시장에서 외환의 수급에 따라 환율이 결정되도록 하는 제도다. 다만 국제수지의 균형이나 외환보유고, 외환시장 발전 정도 등에 따라 환율이 제대로 작동할 수 있도록 정부의 개입은 허용된다. 정부가 특정 목표를 염두에 두고 개입하지는 않지만 환율변동의 속도를 조정하거나 시장이 투기적 공격을 받고 있다고 생각될 때는 직접적 또는 간접적 개입할 수 있다.

어느 정도 시장에 개입하느냐에 따라 변동환율제도와 자유변동환율제로 나뉜다. 두 제도를 구분하는 뚜렷한 기준은 없지만, 자유변동환율제에서는 시장 개입과 관련된 내용들이 투명하게 공개되고 있다. 그에 비해 변동환율제는 상대적으로 덜 공개된다. 예를 들면 우리나라의 경우 3개월 단위로 정부가 외환시장에 개입해 사고판 거래량을 순액으로 공개한다. 외환시장 안정을 위해 10억 달러를 팔고 20억 달러를 사들였을 경우 '10억 달러 순매입'으로만 공개하는 식이다. 매번 어떻게 개입했는지는 별도로 공개하지 않는다. 이 때문에 우리나라는 IMF로부터 변동환율제를 시행하는 국가로 분류된다. IMF는 2022년 기준으로 한국을 비롯해 인도, 필리핀, 페루, 터키, 태국 등을 변동환율제도 국가로, 미국을 비롯해 호주, 일본, 멕시코, 러시아, 칠레, 캐나다 등은 자유변동환율제 국가로 구분해 발표했다.

자유변동환율제도를 채택하고 있는 국가들의 환율은 외환시장에서 결정되기 때문에 국내외 재정, 통화 정책 등 거시경제 정책을 시행할 때 환율 수준과 관련한 제약을 받지는 않는다. 하지만 경제 규모가 작고 외환시장이 얇은 나라일수록 정책을 펼 때 외환시장의 움직임이 사실상 큰 영향을 미친다. 이런 점을 감안하면 외환시장 제도와 정부가 시장에 개입하는 것은 다른 차원의 문제라고 볼 수도 있다. 그만큼 외환시장과 정부의 외환정책 간에는 미묘하고 다양한 문제들이 놓여있는 게 현실이다.

급변해온 한국의 환율제도

우리나라 환율제도는 해방 후인 1945년부터 1964년까지는 고정환율제도를 시행했다. 하지만 이때도 환율이 하나의 수준으로 고정되진 않았다. 외화 부족과 국내 물가상승 등으로 환율을 고정시킬 능력이 없어 환율은 10여 차례에 걸쳐 조정됐다. 1964년부터 1980년까지는 국내의 모든 외환을 정부에 집중시키는 외환관리제도를 시행하면서 외환시장의 상황에 따라 정부가 환율을 수시로 결정해 고시하는 단일변동환율제도를 시행했다.

1980년부터 1990년까지는 고정환율제도의 일환인 복수통화바스켓제도를 시행했고 1980년부터 1997년까지는 시장평균환율제도를 도입했다. 시장평균환율제도는 우리나라 외환취급 은행이 거래한 거래량과 환율을 가중평균해 환율을 정하는 방식이다. 시행 초기에 일일 환율변동폭은 0.4%, 1990년대 후반에는 10%까지 확대됐다.

1997년 외환위기를 맞은 후 우리나라는 IMF의 권고를 받아들여 변동환율제도를 도입해 현재까지 시행하고 있다. 일일 환율변동폭 제한은 사라졌고 외환시장의 수급에 따라 환율이 결정된다. 정부는 시장 안정을 위해 다양한 방식으로 개입을 하고 있는 상황이다. 우리나라의 재정, 통화 정책을 수행할 때 환율은 매우 중요한 변수로 작용하고 있다.

우리나라 환율제도 변천사		
기간	제도	내용
1945~ 1964	고정환율제도	정부가 환율 고정
1964~ 1980	단일변동환율제도	정부에 외환집중, 수급 상황에 따라 환율 고시
1980~ 1990	복수통화바스켓제도	세계 주요국 교역량 등 감안해 환율 결정
1990~ 1997	시장평균환율제도	외환취급은행 거래량 가중평균해 환율 결정, 환율변동폭 제한
1997~	변동환율제도	일일 변동폭 제한 폐지

2

환율이 결정되는 곳, 외환시장

외환시장의 세 가지 특징
: 집합성, 상대성, 모호성

우리는 경제생활을 하면서 많은 시장을 경험한다. 먹거리를 사기 위해서 마트나 재래시장에 가서 장을 보고, 옷을 사기 위해서는 백화점이나 아울렛을 가기도 한다. 큰 물건을 살 때도 있다. 가끔씩 이사를 할 때면 공인중개사 사무실에 가서 중개사를 선임하고 주택 시장에서 집을 사기도 한다. 무언가를 살 때마다 매번 다른 시장에서 거래하고, 어떤 시장이든 가격은 그 시장에서 결정된다. 특별한 이유가 없는 한 기본적으로 한 시장 내에서의 수요와 공급에 따라 물건값이 결정된다. 그리고 여러 시장이 개별적이고, 연쇄적으로 영향을 주고받는다.

국가의 화폐가 거래되는 외환시장도 그중 하나지만, 다른 시장과는 확연히 다른 특징 세 가지가 있다. 바로 집합성, 상대성, 모호성이다. 모든 경제 변수와 마찬가지로 환율도 이론과 현실이 다르다. 앞서 봤듯 전우치처럼 순간이동이 가능한 사람이 있으면 외환시장은 잘 작동한다. 하지만 전우치 같은 사람이 현실에는 존재하지 않는다. 외환시장도 이론에서 설명하는 것보다 훨씬 울퉁불퉁하게 움직인다.

먼저 환율에는 집합성이 있다. 외환시장을 구성하는 단위인 국가는 하나의 통화를 이용하는 사람들의 집합체다. 환율은 이 집합체인 국가 내의 모든 경제 활동이 모여 결정되는 변수다. 원화에 대한 환율은 한국의 경제 상황을 종합적으로 반영해 결정된다. 즉, 외환시장에서는 한국이 하나의 단위다. 환율에 따라 한국 내에서 이익을 보거나 손해를 입는 경제주체가 나뉘지만, 이것은 어디까지나 한국 내에서의 얘기다. 외환시장에서 한국 내의 이해관계는 고려 대상이 아니고, 그저 원화를 쓰는 한 집합체와 다름없다.

다음으로, 환율은 상대적이다. 한 나라의 환율은 다른 나라의 경제 행위로부터 영향을 받는다. 예를 들어 우리나라 경제에 아무런 변화가 없더라도 미국 내의 변화로 인해 원달러 환율이 바뀔 수 있다. 미국에서 지진이 발생해 한국에서 수출하는 각종 물건에 대한 수요가 급속히 늘어나는 상황이 발생할 수도 있고, 한국에 대한 미국 사람들의 관심이 갑자기 높아져 한국으로의 여행이 급증할 수도 있다. 이처럼 우리와 통화를 거래하는 국가의 변화가 환율에 영향을 미치고 이로 인해 우리나라 사람들이 큰 영향을 받을 수 있다.

마지막으로, 환율에는 모호함도 있다. 개별 주체들의 수많은 행동이 모여 환율이라는 하나의 수치로 나타난다. 각 기업과 개인의 행

환율의 세 가지 특성

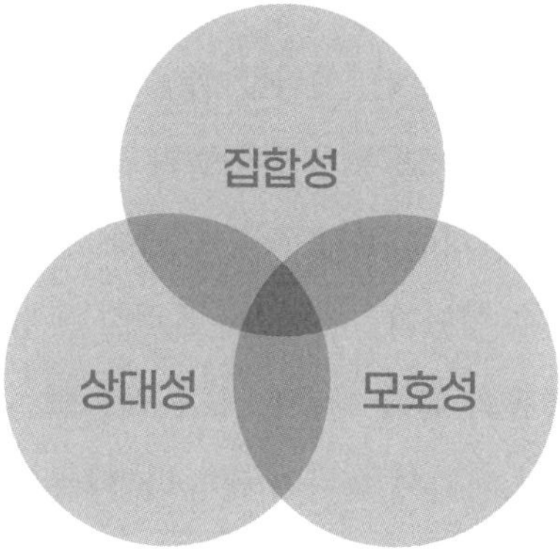

동이 환율에 영향을 미치지만 각 주체들은 환율을 주어진 것으로 여기고 행동한다. 이는 그만큼 각 주체의 행동이 환율에 어떻게 영향을 미치는지를 정확히 파악하기 어렵다는 얘기다. 환율이 하루아침에 100원씩 등락해도 무슨 이유 때문인지를 정확히 진단하기는 어렵고, 그러한 현실을 받아들이며 상황을 대처해간다. 한편 한 국가의 경기, 물가, 주가, 금리 등 각종 거시경제 변수들은 환율에 영향을 미친다. 하지만 때론 환율이 먼저 움직이고 한 국가의 경기, 물가, 주가, 금리 등이 따라 움직이는 반대 방향의 인과관계도 존재한다. 이런 측면에서도 환율은 상대적이고 역설적이다.

막연해 보이지만, 우리 일상을 하나씩 들여다보면 환율의 움직임에 대해 이해할 수 있다. 집합성, 상대성, 모호성이 어루러져 우리 일상에까지 영향을 끼치는 것을 보면, 환율이 얼마나 중요한지도 느낄 수 있다.

2024년 봄의 큰 뉴스였던 '사과값 급등'을 떠올려보자. 시장에서 사과를 사면서 2배 이상 오른 가격에 놀라 상인에게 그 이유를 물어본 적 있다. 태풍, 자연재해, 올해 작황, 기후위기 등 설명을 들어보니 어느 정도 수긍할 수 있었다. 사과값이 올랐으니 당연히 사과를 재료로 쓰는 많은 식품들의 가격 상승은 쉽게 예상할 수 있다. 하지만 사과값 급등의 여파가 거기서 끝나지 않는다. 다른 물건값에도 영향을 미친다. 눈에 보이지는 않지만 우리 경제는 거미줄처럼 서로 연결돼 있다.

가장 먼저 생각할 수 있는 것이 배값이다. 배 농사에는 별일이 없어서, 배값은 예전과 비슷하다고 가정해보자. 사과값이 2배나 오르면 전에 사과를 사먹던 사람들은 사과 대신 배를 찾고, 배에 대한 수요가 늘어난다. 그러면 사과값만큼은 아니더라도 배값도 오른다. 또 다른 사람들은 사과 대신 오렌지를 살 수도 있다. 같은 이유로 오렌지값도 오른다. 이런 상황이 이어지면서 과일값이 전반적으로 오른다. 관계가 조금은 멀지만 어떤 사람은 사과값이 오르면 과일 대신 소고기를 사먹는 게 낫다고도 생각할 수 있다. 이런 사람들이 많아지면 소고기값도 영향을 받는다. 한편 사과값이 올라 사과 농사를 짓는 사람들의 소득이 늘고, 그렇게 돈을 많이 번 사람들은 집을 사겠다고 다짐할 수도 있다. 그러면 집값도 조금이나마 영향을 받는다. 각각 분리돼 있는

'심증은 있으나 물증이 없다.' 외환시장의 움직임을 한마디로 표현한 말이다. 그만큼 복잡하고 국가의 존망을 결정 지을 수 있는 중요한 문제이기 때문에 국가 간의 논쟁이 끊이지 않는다.

것처럼 보이는 시장은 서로 이렇게 조금씩 연결돼 있다. 각 시장에서는 특별한 이유가 없는 한 시장 내에서의 수요와 공급에 따라 물건값이 결정된다. 그다음으로 여러 시장이 개별적이고, 연쇄적으로 명확하게 영향을 주고받는다.

다양한 사람이 모이니까, 집합성

한 국가에 있는 수많은 개인과 기업을 단순화해서 한 명의 개인 A와 한 개의 기업 B가 있다고 가정해보자. A는 어느 날 미국으로 여행을 가고 싶어졌다. 여행 경비를 따져보니 대략 1,000달러가 필요했다. A가 주거래은행에 가서 원화를 주고 달러로 바꾸려 하니, 환율은 1달러당 1,000원이었다. A는 대략 100만 원을 주면 1,000달러를 받겠거니 생각한다.

기업 B는 자사 휴대폰을 미국에서 판매하려고 한다. 미국에서 2,000달러어치 휴대폰을 사겠다고 연락이 왔다. B는 미국에 휴대폰을 팔고 2,000달러 정도 받아 현재 환율로 환전을 하면 200만 원 정도일 것으로 예상한다. B는 주거래은행에 이런 사실을 미리 통보해준다.

A와 B가 거래하는 은행 C는 달러에 대한 수요(A의 1,000달러)와 공급(B의 2,000달러)을 합쳐본다. 결과적으로 1,000달러 정도 은행으로 들어올 것으로 예상한다. 이 가정을 바탕으로 달러를 원화로 교환하러 외환시장으로 간다. 한편 외환시장에서는 달러의 공급이 더 많은 상황이라, 달러의 값이 떨어지고 있다. 외환시장에 달러가 넘치니 은행 C는 A에게 교환해줘야 하는 달러를 급하게 구할 필요가 없어 느긋한 입장이다. 종전에는 1,000원을 줘야 1달러를 구할 수 있었지만 이제는 900원만 줘도 1달러를 구할 수 있다. 이 경우 원달러 환율은 900원으로 형성된다.

조건이 같아도 서로 이익이 달라서, 상대성

이렇게 형성된 환율은 다시 개인과 기업에 영향을 미친다. 해외여행을 가려던 A는 은행에 가서 환전하려고 보니 환율이 1달러당

900원으로 바뀌었다. 1,000달러를 얻으려면 종전에는 100만 원이 필요했지만 이제는 90만 원만 있으면 1,000달러를 받을 수 있다. 여행계획에 변화도 없고, 특별히 애쓴 것도 없는데 10만 원의 이익을 본 기분이다. 반면 휴대폰을 팔아 2,000달러를 번 기업 B는 종전 환율(1달러=1,000원)에서는 200만 원의 수입을 올릴 수 있었지만 환율하락(1달러=900원) 때문에 원화 180만 원을 받아야 하는 처지다. 특별한 일이 발생해 휴대폰값이 바뀐 것도 아닌데 얻을 수 있는 수입이 200만 원에서 180만 원으로 감소한 것이다. 앉은자리에서 손해를 본 것 같지만 그렇다고 기업이 할 수 있는 별다른 방법은 없다.

만약 외환시장도 한 국가 내의 사과와 배 시장처럼 항목별로 분리돼 있다면 어떤 일이 벌어질까. 먼저 여행을 오가는 사람들이 모인 시장을 살펴보자. 미국으로 여행가겠다는 A와 같은 사람이 많아지면 달러에 대한 수요가 늘어난다. 달러에 대한 수요가 늘어나면 이 시장에서 달러값이 오르게 된다. 종전에는 1달러를 얻기 위해 1,000원을 지급했지만 이제는 1달러를 얻기 위해 1,100원을 지급해야 한다. 그럼 A씨는 1,000달러를 얻기 위해 110만 원을 지급해야 한다.

휴대폰만 거래되는 시장에서는 다른 상황이 벌어진다. 이 시장에는 휴대폰을 사기 위해 2,000달러가 공급된다. 종전보다 공급이 많아지면 달러의 가격은 떨어진다. 1,000원이었던 원달러 환율은 1달러당 800원까지 하락한다. 달러값은 떨어지고 원화값은 오르는 것이다. 이 경우 기업 B는 종전 계산대로라면 2,000달러어치의 휴대폰을 팔고 200만 원의 수입을 올릴 수 있지만 환율의 변동으로 똑같이

2,000달러어치 휴대폰을 팔아도 수입은 160만 원으로 떨어진다. 개별 상품별로 굴러가는 외환시장이 존재한다면 A도 B도 모두 환율변동으로 손해를 입는다. 하지만 현실의 외환시장은 A와 B의 외환에 대한 수요와 공급을 모아 한꺼번에 거래하고 이것이 환율에 반영되므로 A는 이익을 본다. B는 손해를 보지만 가상의 개별 시장이었다면 매출이 160만 원으로 떨어져 40만 원만큼 손해봤을 것을, 현실 외환시장에서의 매출은 180만 원으로 하락해 20만 원만큼 손해보는 금액이 줄었다. 환율의 변화는 양국 간에, 한 국가 내에서도 여러 사람들에게 상대적인 영향을 끼친다.

심증은 있는데 물증이 없으니까, 모호성

한걸음 더 현실로 들어가 한국의 쌀을 미국에 수출하는 경우를 생각해보자. 한국의 쌀을 미국으로 가져가는 데는 여러 비용이 든다. 먼저 쌀을 배로 운반하려면 운반 비용이 발생한다. 그다음 쌀을 미국까지 가지고 가는 과정에서 일부분은 썩어서 팔 수 없게 돼 발생하는 비용도 있다. 또한 미국 국경을 넘을 때 국경세, 즉 관세를 내는 경우도 있다. 각각의 비용을 감안하면 한국에서 10킬로그램에 10만 원으로 팔던 쌀을 미국에서도 10만 원에 판다면 쌀 수출업자는 손해를 본다. 한국 쌀값에, 수출에 따른 각종 비용을 합해 12만 원 정도 받아야 미국으로 수출하는 것의 의미가 있다. 미국에서 한국 돈 기준으로 12만 원을 주고라도 한국 쌀을 사겠다는 사람이 있으면 이 거래는 이뤄진다. 환율까지 고려해보면 원달러 환율이 1달러당 1,000원이라면 쌀값은 우리나라에서는 10만 원, 미국에서는 120달러로, 이때 번 달러를 원화로 환산하면 12만 원이 된다.

또 다른 현실도 있다. 미국에서 한국산 쌀이 인기를 끌어 수요가 늘어나 한국산 쌀값이 130달러로 오를 수 있다. 한국에서 쌀을 수출하는 사람들은 각종 비용을 감안하더라도 종전보다 미국에서 10달러의 이익을 더 올릴 수 있다. 이 돈을 한국에 와서 바꾸면 1만 원의 초과이익이 생긴다. 그럼 미국에서 파는 쌀의 양은 늘어나고 이로 인해 한국으로 가져오는 달러도 늘어난다. 원화와 달러가 교환되는 외환시장에서 달러의 공급이 늘어나면 달러값은 떨어지고 원화값은 올라간다.

쌀값이 변할 수도 있지만 한국에서 미국으로 운반하는 비용이 변할 수도 있다. 미국이 한국산 쌀에 부과하는 관세를 낮춘다든가 운송수단의 사용료가 낮아져 쌀을 운반하는 데 들어가는 비용이 10달러로 줄어든다고 가정해보자. 이때는 한국에서 쌀을 수출하는 수출업자들이 쌀 가격 자체를 낮출 수 있다. 미국에서 판매하는 쌀을 110달러만 받더라도 종전과 비슷한 수준의 이익을 올릴 수 있어 수출업체들이 가격을 낮춰 미국에 파는 것이다. 이 경우 판매되는 쌀의 양이 대폭 늘어난다면 달러 공급이 늘어나 달러가치는 하락하고 원화가치는 올라간다.

반면 거래 비용은 그대로인데 한국에서 미국으로 수출하는 쌀 업체 간의 경쟁이 늘어나 미국에서의 쌀값이 110달러로 떨어질 수도 있다. 이때도 상대적으로 저렴해진 한국산 쌀 수요가 늘고, 한국의 수출이 늘어나 한국으로 유입되는 달러도 증가한다. 이때도 환율은 떨어지고 원화가치는 올라간다.

지금까지는 쌀이라는 상품 하나만 예로 들어 환율을 설명했지만 실제 한국과 미국 간에는 자동차, 반도체, 소고기 등 수많은 상품이 거래된다. 그 과정에서 다양한 일들이 벌어진다. 두 나라에서 각각의 상품 가격은 시시각각 바뀌고, 그에 따라 수출 물량도 매번 조정된다. 수백, 수천 가지 상품과 맞바꾸는 달러는 외환시장에서 원화와 거래된다. 수백, 수천 가지 상품과 맞바꾸는 달러량 또한 매순간 달라지기 마련이고 환율은 출렁거린다. 원화와 달러화가 거래되는 외환시장에서의 환율은 우리나라와 미국 간의 수출입하는 모든 거래 정보가 통합돼서 나타나는 결과이니 그 움직임이 복잡하고 결과값인 환율도 모호한 것이다.

집합성, 상대성, 모호성 때문에 환율과 관련해 국가 간의 논쟁이 끊이질 않는다. 대표적인 사례가 환율조작국 문제다. 국가 간에는 자국에 유리하게 환율을 인위적으로 조작하는 것을 엄격히 금지하고 있다. 하지만 외환시장에 전혀 개입하지 않는 나라는 세계 어디에도 없다. 보다 정확히 말하면 외환시장에 개입해 환율 안정을 위해 노력한다. 단지 환율의 집합성, 상대성, 모호성 때문에 국가가 시장에 개입해 환율을 조작했는지 여부를 확인하기 어려울 뿐이다. 이런 점을 감안해 국가는 티가 나지 않게 환율에 개입하고, 특별히 문제가 되는 환율조작 또한 '심증은 있지만 물증을 확보하기는 매우 어려운 것'이 외환시장의 특성이다.

이중적인 관계, 물가와 환율

물가, 경기 등 거시경제 지표와 환율 간의 관계는 이중적이다. 한 나라의 경제지표가 변해서 환율이 변하는 경우도 있지만 환율이 변해서 경제지표가 변하는 경우도 있다. 각각의 경우 인과관계를 정확히 파악해야 그에 따른 대처가 가능하다.

먼저 환율에는 변화가 없는데 우리나라에서 물가가 2배로 올랐다고 가정해보자. 물가가 오르는 이유는 천재지변이나 기술 개발 등의 요인도 있고, 정부가 정책적으로 돈을 풀어서 물가가 오르는 경우도 있다. 환율이 그대로인데 국내 물가가 올랐다면 수출업자 입장에서는 종전보다 수출을 할 때 이익이 줄어든다. 예를 들어 환율이 1달러당 1,000원이고 자동차값이 한국에서는 1,000만 원, 미국에서는 1만 달러라고 하자. 이 조건에서 현대자동차가 수출을 할 경우, 미국에서 차를 1대 팔면 1만 달러의 수입을 올린다. 그런데 국내 물가가 올라 자동차값도 1,500만 원으로 인상되면 현대차는 미국에서 차를 팔면 1,000만 원, 한국에서 차를 팔면 1,500만 원의 수입을 올린다. 이 경우 현대차는 수출 대신 한국에서 차를 팔려고 할 것이다. 이로 인해 수출은 줄고 달러가 유입되는 양도 줄어든다. 반면 한국 소비자 입장에서는 국내 차값이 올랐기 때문에 해외차를 사려고 한다. 이로 인해 해외로 유출되는 달러의 양이 많아진다. 결국 수출이 줄어들고 수입은 늘면, 달러 유입은 줄어 달러값은 오르고 원화값은 하락해, 환율은 상승한다.

이번엔 환율의 변화가 물가에 미치는 경로를 살펴보자. 국내 상황은 별로 달라진 것이 없는데 환율이 변한다고 생각해보자. 환율의 변화는 우리나라와 무관하게 상대국의 환경 변화에 따라 움직일 수 있다. 이 또한 외환시장의 상대성 때문에 발생하는 일이다.

자동차를 수출하는 사례에서 환율이 1달러당 1,500원으로 오른다면 현대차는 미국에서 1만 달러에 차를 1대 팔고 이 돈을 한국으로 가져오면 1,500만 원을 챙길 수 있다. 이런 상황에서 현대차는 당연히 수출을 늘리려고 할 것이다. 이에 따라 한국에 공급하는 자동차 물량은 줄고, 물량이 부족하니 가격이 오르는 요인이 된다. 또 환율 상승으로 인해 해외에서 자동차를 수입해 국내에서 사려 해도 종전보다 비싼 값을 치러야 한다. 예를 들어 환율이 1,000원일 때 미국 포드 자동차의 한국판매가는 1,000만 원이었다면, 환율이 1,500원으로 오

물가와 환율의 관계

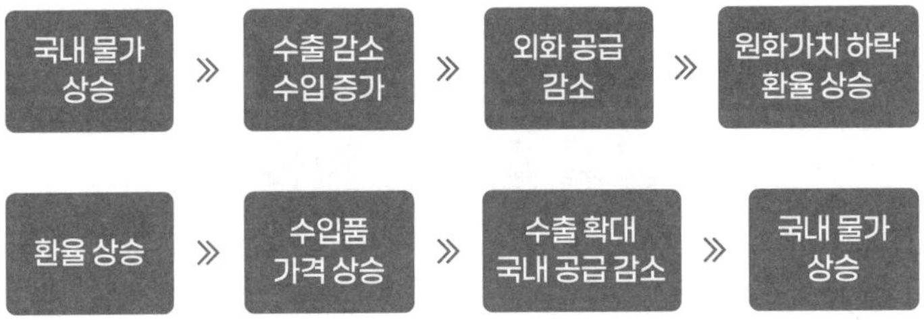

르면 한국에서 지불해야 하는 차값은 1,500만 원으로 뛴다. 이를 감안하면 환율의 상승은 국내 물가를 올리는 요인으로 작용한다.

결론적으로 국내 물가가 상승하면 환율이 상승(원화값 하락)하고 환율이 상승하면 국내 물가가 오른다. 물가와 환율은 서로서로 영향을 미치면서 상승 작용을 하는 것이다. 어느 요인이 더 중요한지는 상황에 따라 다르다. 일반적으로 경제 규모가 큰 미국은 자국 내 환경이 환율에 미치는 영향이 더 큰 반면 우리나라처럼 상대적으로 경제 규모가 작은 나라는 외환시장의 변동이 국내 물가에 미치는 영향이 더 크게 나타난다.

역설적인 관계, 경기 흐름과 환율

경기가 상승해서 수출이 늘면 버는 돈이 많아진다. 돈이 많으니 국내 소비량이 늘고, 부족한 것은 외국에서 들여올 여력도 있어 수입도 늘어난다. 경기 상승기에는 일반적으로 수출이 늘어나는 폭이 국내 소비가 늘어나는 폭보다 크다. 이 때문에 외국에서 들어오는 돈의 양이 늘고 이는 원화가치 상승(환율 하락)의 원인으로 작용한다. 경기가 하강할 때는 상승 때와 반대의 효과를 발생시킨다. 우리나라가 만들어 내는 물건의 양이 줄고 이로 인해 우리나라로 들어오는 외환의 양도 감소한다. 상대적으로 외환의 수요가 늘어나고, 원화는 약세가 되면서 환율이 오른다. 이런 점을 감안하면 경기 상승기의 국가 통화는 세계 외환시장에서 강세를 띈다. 한 나라의 통화가치가 경기 흐름에 비례하는 것이다. 경기는 정점을 찍었다가 하강기를 거쳐 저점을 형성하며, 다시 상승기를 거쳐 정점에 도달한다. 자본주의 경제에서 경기는 부침을 거듭하고, 경제가 성장하는 국가의 통화는 점차 강세가 된다는 것으로도 이해할 수 있다.

구체적인 상황을 예로 들어보자. 한국은 자동차를 만들어 미국에 수출하고 미국에서는 쇠고기를 수입한다. 양국 간 환율은 1달러당 1,000원이다. 자동차값은 한국에서는 1,000만 원, 미국에서는 1만 달러다. 자동차 회사가 신기술을 개발해 생산량이 크게 증가한 어느 해에는 한국에서 소비하는 자동차도, 미국으로 수출하는 자동차도 늘었다.

미국 시장은 우리나라 시장보다 그 규모가 훨씬 크다. 이 때문에 일반적으로 한국이 수출하는 자동차가 늘어도, 미국 내의 가격 변동이 상대적으로 크지 않다. 자동차 1만 대를 수출할 때와 2만 대를 수출할 때 자동차값 변화가 미미하다는 얘기다. 자동차 수출량이 늘면 국내로 들어오는 달러의 양이 많아진다. 이로 인해 달러의 공급이 많아지고, 상대적으로 원화의 공급이 줄어, 원화가치를 상승시키는 원인으로 작용한다. 자동차 외에도 우리나라가 생산, 수출하는 물건은 수만 가지이지만, 각각이 환율에 미치는 효과는 비슷하다. 자동차처럼 우리나라에서 생산하는 물건의 양이 많아진다는 것은 경기가 상승한다는 의미다.

이번엔 환율이 경기에 영향을 미치는 경로를 생각해보자. 먼저 한국과 미국의 시장 규모를 살펴보자. 2024년 2월 기준으로 미국의 국내총생산(GDP)은 27조 9,665억 달러다. 반면 한국의 GDP는 1조 7,848억 달러다. 미국의 경제 규모가 한국보다 15배 이상 크다. 경제 규모의 차이는 외환시장에도 반영된다. 미국에서 생산이나 소비가 늘면, 이로 인한 달러 수요와 공급에 변화가 발생한다. 그 규모는 평균적으로 한국보다 15배 이상 크다고 해도 과언이 아니다. 반면 한국에서 생산과 소비에 변화가 발생하더라도 그 규모는 미국의 10%도 되지 않는다. 이렇게 경제 규모의 차이가 많이 날 때는 우리나라 경제 환경 변화가 원달러 환율에 영향을 미치기가 어렵다. 반대로, 미국의 변화가 외환시장에 미치는 영향은 우리나라보다 훨씬 크다. 환율은 두 국가의 화폐가 시장에서 교환되는 것이지만 경제 규모의 차이로 각국이 환율에 미치는 영향은 비대칭적이다. 그래서 우리나라는 상대적으로 국제 외환시장에서 상황을 주도하기보다는 상황 변화를 받아들이는 경우가 많았다.

경제 규모가 크게 차이 난다고 해서 경기와 환율의 관계에 정답이 내려지는 것은 아니다. 특히 현실에서, 환율의 변화가 국내 경기에 미치는 영향을 살펴보기 위해 또 하나의 조건을 들여다봐야 한다. 바로 생산여력이다. 한국 기업들이 물건을 만들 때 생산여력을 최대한 끌어올리지는 않는다. 대부분의 공장은 재고를 갖고 있으며 생산시설도 여유롭게 돌아가는 경우가 많다. 이런 상황에서 만약 미국에 수출하는 물량이 늘어난다면 우리나라 기업들은 종전보다 더 많은 물건을 만들어 수출하고 매출을 올릴 수 있다. 한국 내에서 물건의 수요를 늘리는 것은 한계가 있지만 경제 규모가 큰 미국에서의 수요는 훨씬 더 큰 폭으로 늘어날 수 있다.

국제 외환시장에서 환율 변화가 발생해 1달러가 1,000원에서 1,100원으로 올랐다고 가정해보자. 한국에서의 물건값에는 변화가 없다. 하지만 우리나라 수출업자들은 미국에서 같은 물량의 물건을 팔고 한국에서 원화로 바꾸면 종전보다 더 많은 수입을 올릴 수 있다. 한 발 더 나아가 미국에서의 물건값을 10%정도 낮출 수도 있다. 물건값을 낮추면 미국에서의 수요는 늘고 우리나라의 수출 물량도 증가한다. 이 경우 우리나라 생산량은 늘어나고 경기는 상승세를 보일 수 있다. 경제 내에서 다른 변화가 없더라도 원화값이 떨어져 미국으로 수출하는 물건의 현지 가격이 떨어졌는데 이로 인해 우리나라 기업들의 생산이 늘고 해외 매출도 늘어나는 것이다. 다만 미국에서 우리나라 제품의 수요는 늘었는데, 우리 기업의 생산여력이 이를 따라가지 못한다면 이 가능성을 따질 필요가 없을 것이다.

반면 1,000원에서 900원으로 환율이 내렸다고 가정해보자. 기업이 같은 양의 물건을 수출하더라도 받을 수 있는 원화 수입은 줄어든다. 이때 기업들은 수지타산을 맞추기 위해 해외에서의 물건값을 올려야 한다. 이 경우 수출하는 물건의 양은 줄고 이로 인해 국내에서 생산하는 물건의 양은 전체적으로 감소한다. 이렇게 생산량이 감소하면 국내 경기는 둔화된다.

환율이 우리나라 경제에 미치는 영향은 다소 역설적이다. 우리나라는 경제 규모가 작아서 국제가격이나 환율에 영향을 미치는 정도가 미미하다. 한편으론 해외에서 수요가 늘어나면 생산여력을 높일

경기와 환율의 관계

수 있는 시설과 기술을 갖추고 있었다. 이 덕에 어느 수준까지 원화가치가 하락하면, 즉 환율이 상승하면 경기가 호조세를 보이는 경우가 많았다. 과거에 정부가 외환시장에 개입해 인위적으로 환율을 올리고 원화가치를 떨어뜨린 것도 환율을 통해 경기를 부양시키고 경제성장을 촉진하려는 목적이었다.

심리적인 관계, 금융시장과 환율

농사를 지을 때 주변에 저수지를 만드는 경우가 있다. 만약을 대비해 저수지에 물을 모아뒀다가 필요할 때 논에 물을 대는 용도다. 그해 비가 적절하게 와서 저수지 물을 사용하지 않을 수도 있고, 비가 너무 많이 오는 바람에 저수지 밖으로 물이 넘쳐 엎친 데 겹친 격으로 피해를 입을 수도 있다. 농사 일이 너무 바빠 저수지 수위를 관리하지 않았거나 가뭄이 들어 물이 부족한 경우는 손쓸 도리도 없다. 농작물이 실제로 열매를 맺고 수익을 내기까지는 많은 요인들이 있지만, 저수지 수위처럼 부차적인 요인도 매우 중요하다.

환율은 농사를 지을 때의 저수지 수위 역할을 한다. 환율의 근본은 실물부분, 즉 수출과 수입에서 발생하는 외화의 수요와 공급의 움직임이다. 실물부분의 변화는 시간을 두고 완만하게 진행된다. 이러한 실물경제만이 환율변동과 국가경제에 영향을 미친다면 세계 모든 국가의 경제가 비교적 안정적일 것이다. 하지만 환율이 국가경제에 영향을 미치는 이유는 실물경제에만 있지 않다. 금융시장 또한 국가경제에 큰 영향을 미친다. 자금의 수요자와 공급자가 금융거래를 하는 시장인 금융시장은 투자자들의 심리에 크게 의존한다. 외국인의 자금 이탈과 금융시장 혼란이 상당 기간 이어지면 경제위기가 닥친다. 금융시장에서의 환율의 역할은 실물시장보다 훨씬 직접적이고 파괴력이 크다. 국가의 경제위기가 닥칠 때 가장 먼저 움직이는 것이 외환시장이고 그다음이 금융시장인 이유도 여기에 있다.

대부분의 나라는 어느 정도 자본시장이 개방돼 있다. 한 나라의 투자자들은 자국에만 투자하는 것이 아니라 이익이 될 만하면 세계 각국에 투자한다. 이때 환율은 투자의 기준이 된다. 예를 들어 미국의 투자자가 원달러 환율이 1,000원일 때 1만 원짜리 삼성전자 주식 1만 주를 샀다고 가정하자. 이 사람은 처음에 투자할 때 1억 원의 원화가 필요했고 이를 달러로 환산하면 10만 달러가 된다.

어느 날 원화 환율이 1달러당 900원으로 떨어졌다. 삼성전자 주가는 여전히 1만 원이다. 삼성전자 주식 1만 주의 원화가치는 여전히 1억 원이지만 이 돈을 달러로 바꾸면 11만 1,111달러다. 외국인 투자자 입장에서 삼성전자 주식 1만 주의 달러가치는 11만 달러 이상이다. 삼성전자 주가는 변동이 없는데 환율변동으로 인해 평가 이익이 11% 이상 발생한 것이다. 이때 투자자들은 앉은자리에서 돈을 번 것

같고, 원화가치가 올라 환율이 떨어질 것으로 예상한다면 외국인 투자자들은 투자를 더 늘리려고 할 것이다.

반대의 경우도 생각할 수 있다. 동일한 투자를 한 상황에서 달러당 원화 환율이 1달러당 1,100원으로 올랐다고 가정하자. 이때 삼성전자 주식가치는 변화가 없어도 달러로 환산한 삼성전자 주식 1만 주의 가치는 9만 909달러다. 외국인 투자자들은 원화값 하락으로 10% 안팎의 손해를 입게 됐다. 이런 경우가 예상된다면 외국인 투자자들은 투자를 줄이려고 할 것이다. 종합해보면 외국인들이 한국주식에 투자할 때의 최종 수익률은 주가등락률에 원화가치 등락률을 더한 것이다.

2023년 1년 동안 종합주가지수 기준으로 우리나라 주가는 18.7% 올랐다. 같은 기간 환율은 1,264원에서 1,288원으로 올라 원화가치는 1.9% 떨어졌다. 이 경우 한국주식에 투자한 외국인 투자자들은 16.8%[18.7+(-1.9)]의 수익률을 올린 셈이다.

채권에 투자할 때도 마찬가지다. 2023년 초 우리나라 1년 만기 국고채 금리는 연 3.77%였다. 2023년 1월에 이 채권을 1억 원어치 사서 1년간 보유하면 377만 원의 이자를 받는다. 그런데 마찬가지로 이 기간 중 원화가치는 1.9% 떨어졌다. 이를 감안하면 외국인들이 달러를 원화로 바꿔 이 채권에 투자하고 다시 달러로 수익을 계산하면 우리나라 1년 만기 국채에 투자하고 만기까지 보유했을 때 수익률은 연 1.87%[3.77+(-1.9)]가 된다.

한국에서 비트코인이나 부동산 등 각종 자산에 투자하는 외국인들은 환율 변화에 따른 수익률 변동을 감수하고 투자하는 것이다.

해외투자를 할 때 수익률 계산법

투자자산(주식, 채권, 부동산) 가격 등락률 + 투자 대상 국가 통화가치 등락률 = 총 수익률

외국인 투자자가 한국주식에 투자할 때 수익률

18.7 + -1.9 = 1.68

외국인 투자자가 한국채권에 투자할 때 수익률

3.77 + -1.9 = 1.87

* 투자기간 2023년 1년간으로 가정했을 경우

2020년 이후 원화값이 계속 떨어지는 추세여서 외국인 투자자들은 매년 일정 부분 환율 변화에 따른 수익률 손실을 감수하고 있다.

외국인이 한국에 투자하는 것처럼 우리가 해외에 투자할 때도 유사한 방식으로 수익률을 계산할 수 있다. 우리가 해외 주식에 투자할

때 원화를 달러로 바꾼 후, 달러로 해외 주식을 산다. 주식을 팔 때도 주식을 판 돈을 달러로 받아 이를 원화로 환전한다. 이때 수익률은 주가상승률과 달러가치 상승률의 합으로 결정된다. 예를 들어 한국인들이 많이 투자하는 엔비디아 주가는 2024년 1월 48달러(액면분할 이후 가격)에서 7월 22일에는 123달러까지 올랐다. 같은 기간 원달러 환율은 1,300원에서 1,388원까지 올라 원화로 환산한 달러값은 이 기간 6.8% 올랐다.

연초 엔비디아에 1억 원을 투자한 사람의 수익률을 계산해보자. 이 사람은 연초 환율 1,300원을 기준으로, 1억 원을 달러로 바꾸면 7만 6,923달러를 얻을 수 있다. 이 돈으로 당시 48달러짜리 엔비디아 주식을 사면 대략 1,602주를 살 수 있다. 편의를 위해 주식매매 수수료와 환전수수료는 감안하지 않는 것으로 가정하자. 이후 7월 22일 엔비디아 주가가 123달러로 올랐을 때, 구매했던 1,602주를 팔면 19만 7,046달러를 받는다. 이를 7월 22일 환율인 1,388원으로 환전하면 2억 7,349만 원을 챙길 수 있다. 결국 이 사람은 원화 1억 원을 엔비디아에 투자해서 7개월 만에 2억 7,349만 원으로 불렸다. 이 경우 수익률은 총 173.5%에 달한다.

채권이나 펀드, 부동산 등 해외 자산에 투자할 때도 수익률을 비슷하게 계산할 수 있다. 자산의 평가가치에 따른 수익률 등락에 달러가치 상승(하락)률을 더해 최종 수익률이 계산된다. 예를 들어 연 5% 1년 만기 미국 국채에 투자하고 1년간 달러값이 5% 올랐다면 원화로 환산한 연수익률은 10%에 달한다.

꼬리가 몸통을 흔드는 외환시장

금융시장의 자금은 투자자들의 심리 변화에 따라 큰 폭으로 이동한다. 예를 들어 지난 2008년 3월 우리나라의 월평균 환율은 982원이었다. 이 환율은 2009년 3월에는 1,453원으로 치솟았다. 1년 새 환율이 47.9%나 올랐다. 즉, 그만큼 원화가치가 떨어진 것이다. 같은 기간 우리나라 종합주가지수 월 평균치는 1,651에서 1,140으로 31% 하락했다. 반면 1년 만기 국고채 금리는 같은 기간 연 5.05%에서 연 2.51%로 떨어졌다. 이 기간 달러를 들고와 우리나라 주식시장에 투자한 사람들은 주가하락률(-31%)에 원화가치 하락률(-47.9%)을 합한 값, -78.9%의 손해를 봤다. 1억 원을 투자했으면 2,000만 원 정도만 남은 셈이다.

이런 나라에 외국인들이 계속 투자할 이유는 없다. 외국인들이 투자금을 회수하면 상대적으로 달러의 공급은 줄고 원화는 많아져 원화가치는 하락(환율 상승)하고, 이는 투자심리를 위축시킨다. 그렇게 되면 주식시장에서 주가는 하락하고 이는 다시 환율을 올리는 요인이 된다. 앞서 예로 든 2009년 당시 우리나라의 실물경제에는 큰 변화가 없었지만 외환시장과 금융시장에서의 심리적 불안감에 따라 시장이 큰 폭으로 출렁거렸다. 금융과 외환은 실물경제를 반영하는 거울이지만 때로는 이 거울이 실물을 흔드는 상황이 벌어지기도 한다. 이른바 꼬리가 몸통을 흔드는 웨더독Wag The Dog 현상이다.

경제 규모가 작을수록, 외환시장과 금융시장의 성숙도가 낮은 나라일수록 웨더독 현상에 취약하다. 미국에서는 외환시장에서 시작되

외국인 투자자들의 투자 심리를 좌우하는 환율

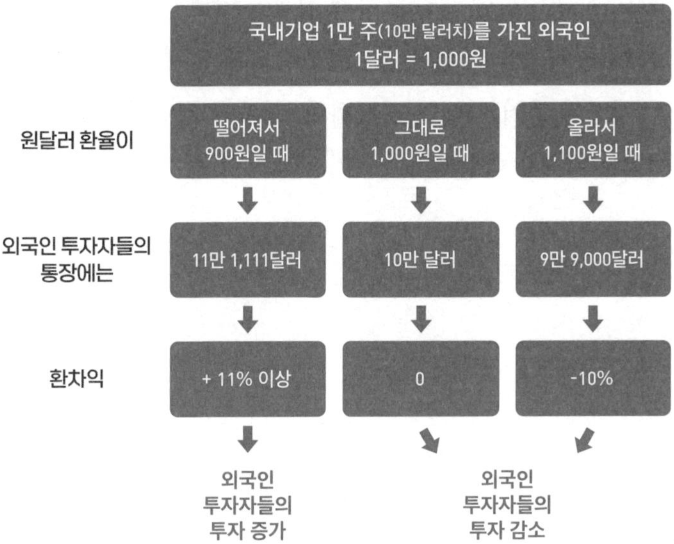

는 금융위기를 상상하기 어렵지만 후진국일수록 외환시장 불안으로 국가경제가 크게 흔들리는 상황을 종종 목격할 수 있다. 이 때문에 외환시장이 큰 충격을 받아 자국 통화가치가 급변할 때 국가는 외환시장 안정을 위해 개입할 수밖에 없다. 후진국일수록 정부가 외환시장에서 담당하는 역할은 커진다. 거꾸로 말하자면 후진국이나 규모가 작은 나라일수록 외환시장으로 인해 국가경제의 존망이 결정되는 경우가 그만큼 많다는 의미이기도 하다. 우리나라는 선진국에 속하기는 하지만 외환시장의 충격을 그냥 놔둬도 될 만큼 경제 규모가 크지는 않다. 이 때문에 우리나라 정부도 외환시장의 동향을 예의주시하면서 필요한 경우 시장 개입을 통해 시장을 안정시킨다. 정부 당국자의 말을 통해 시장을 안정시키는 것부터 실제 정부가 보유하고 있는 외환을 시장에 풀어 거래하는 것까지, 정부가 개입해서 외환시장을 안정시키는 방식은 다양하다.

직관적인 관계, 금리와 환율

환율과 금리 간의 관계는 경기보다 훨씬 직접적이고 직관적이다. 한 나라에서 금리가 정해지는 과정은 중앙은행이 기준금리를 결정하고 이에 따라 금융시장에서 각종 예금과 채권 금리가 결정되는 방식이다. 중앙은행은 경기와 자금 흐름 등 여러 가지 변수를 감안해 기준금리를 결정한다. 2024년 5월 한국의 기준금리는 연 3.5%, 미국의 기준금리는 연 5.5%로 미국 기준금리가 우리나라 기준금리보다 2%포인트 높다. 기준금리가 높으면 채권금리와 예금금리 등 다른 금리도 높다. 2024년 5월 1년 만기 미국 국채금리는 연 5%, 한국 국채금리는 연 3.49%다. 100만 원으로 1년을 굴린다고 할 때 미국 국채를 사면 만기 때 5만 원의 이자를 받는 반면 한국은 1년 이자가 3만

4,900원에 불과하다. 이런 경우 많은 사람들이 한국보다 미국 국채를 선호한다.

한국 사람들이 미국 국채를 사기 위해서는 원화를 달러로 바꿔야 한다. 이때 미국 달러에 대한 수요가 늘고, 이는 달러 강세를 가져오는 요인이 된다. 이처럼 금리가 다른 나라보다 높으면 해당 국가의 통화도 강세가 될 가능성이 높다. 주식과 부동산 등 다른 자산 가격과 환율의 움직임도 비슷하다. 우리나라 기업들의 실적이 좋아져 주가가 오른다면 우리나라에 투자하려는 외국인들도 증가할 것이다. 이로 인해 외환시장에서 달러를 원화로 바꿔 우리나라 주식을 사려는 사람들이 늘어나면 달러 유입이 늘고, 원화 수요가 늘어 원화 강세로 이어진다. 국내 부동산 시장에서 부동산값이 오를 것으로 예상될 때도 '외국인 부동산 투자 수요 증가 → 달러 공급 증가 → 원화값 상승'의 메커니즘이 작동한다.

우리나라의 금리가 환율에 영향을 미치기도 하지만 거꾸로 환율이 우리나라 금융시장의 금리에 영향을 미치기도 한다. 문제를 단순하게 하기 위해 미국의 1년 만기 국채금리는 연 5%, 한국 국채금리는 연 3%라고 하자. 이때 원달러 환율은 1달러당 1,000원이라고 가정하자. 한국 국채에 1억 원을 투자한 미국 투자자는 연 3%의 금리가 적용되면 1년에 300만 원의 이자를 받는다. 이를 미국으로 가져가면 이자소득으로 3,000달러를 얻는다. 이때 환율이 1달러당 1,100원으로 오르면 금융시장에는 어떤 일이 벌어질까. 미국 투자자 입장에서 한국에서는 300만 원의 이자를 똑같이 받는데, 이를 달러로 바꾸면

2,727달러 정도만 받게 된다. 환율 상승(원화가치 하락)으로 이자소득이 263달러 줄어든다. 그럼 그다음 번에는 한국의 투자를 꺼리게 되고 이는 국내 자금시장에서 채권 수요 감소로 이어진다. 한국 채권에 대한 수요가 줄어들면 채권금리는 올라가고 채권값은 떨어진다. 만약 환율이 올라도 투자자가 종전과 같은 수준의 소득을 얻으려면 채권금리는 3.3%까지 올라야 한다. 환율과 채권금리 상승이 동시에 이뤄지면 외국 투자자는 손해를 보지 않게 되고 이때는 굳이 투자를 줄일 이유가 없다.

미국에 투자하는 한국 투자자 입장에서도 생각해볼 수 있다. 1억 원을 달러로 바꾸면 10만 달러가 되고 이 돈으로 1년 만기 미국 국채를 사면 5,000달러의 이자를 받는다. 환율이 1달러당 1,000원일 때 이 돈을 원화로 바꾸면 500만 원의 수익을 올릴 수 있다. 환율이 1,100원으로 오르면 미국에서 같은 이자를 받아도 550만 원의 원화로 바꿀 수 있다. 종전보다 수익이 50만 원 늘어나는 것이다. 그럼 이 사람은 한국에 투자하기보다는 미국 채권에 투자하려 할 것이고 이 경우 앞의 예에서와 마찬가지로 한국 채권에 대한 수요를 줄일 것이다. 이 때문에 한국 채권시장에서 채권값은 떨어지고 금리는 오른다.

환율이 1달러당 900원으로 떨어지면 반대의 얘기를 할 수 있다. 10만 달러를 한국에 투자한 외국인 입장에서는 환율이 하락하면 한국에서 300만 원의 이자를 받더라도 이를 달러로 환산하면 3,333달러로 크게 늘어난다. 외국인 투자자는 이 경우 한국 채권을 더 사려고 할 것이고 이때 국내 채권값은 오르고 금리는 떨어진다. 반면, 미

금리와 환율의 관계

국에 투자한 한국인이 10만 달러의 이자 5,000달러를 원화로 바꾸면 450만 원밖에 되지 않는다. 이 사람은 미국 투자를 줄이고 한국 투자를 늘리려고 할 것이고 이는 마찬가지로 금리 하락 요인이 된다.

주식시장에서도 채권시장과 비슷한 얘기를 할 수 있다. 환율이 상승하면 국내에 투자한 외국인과 해외에 투자한 한국 사람들은 환율 변동에 따른 손해를 보기 때문에 한국 주식시장에서 자금이 이탈한다. 반대로 환율이 하락하면 국내에 투자한 외국인과 해외에 투자한 한국인들은 환율변동에 따라 이익을 보게 된다. 이 때문에 환율 상승은 국내 주식시장에 악재, 환율 하락은 국내 주식시장에 호재로 작용한다. 부동산 등 다른 자산에 투자하는 사람들의 입장도 비슷하다. 한마디로 국내외 투자자 입장에서는 환율 하락(원화가치 상승)이 시장에 호재가 되고 환율 상승(원화가치 하락)은 악재가 된다.

한국과 미국의 투자자의 행태에서 볼 때, 환율 상승(원화 가치 하락)은 한국 금융시장에서 금리를 올리는 요인으로 작용한다. 이때 시장 규모에 대한 논의도 중요하다. 만약 한국과 미국의 자금 시장 규모가 비슷하다면, 환율변동으로 외국인 투자자가 한국 시장에 내야 하는 금리가 늘어나기 때문에, 한국시장에 투자하는 대신 미국으로 자금이 이탈할 가능성이 높다. 미국에서는 자금 증가로 채권 가격이 상승하고 금리는 하락할 수 있다. 미국의 금리 하락으로 미국 내 투자자들이 자금을 미국 시장에서 이탈시키면, 이 자금은 고금리를 따라 한국으로 이동해 한국시장에서 금리가 하락하는 요인이 된다. 이러한 자금 이동이 반복되면서 한국과 미국의 시장 금리는 어느 정도 수렴하며 균형을 이룰 수 있다.

그러나 실제로는 한국의 자금시장이 미국 자금시장의 10분의 1 정도에 불과해, 한국에서 자금이 이탈해 미국으로 가더라도 이 돈이 미국의 금리를 움직일 정도로 큰 금액이 아니다. 이 때문에 자금 시장에서 미국과 한국이 서로에게 미치는 영향은 큰 차이가 난다. 한국의 자금 시장만 상대적으로 큰 영향을 받는 것이다. 이는 한국 자금 시장이 환율 변동에 민감한 이유다.

시간과 조건을 거래하는 외환시장

중소기업을 경영할 때 가장 중요한 것 중 하나는 불확실성을 없애는 것이다. 그래야 미래의 계획을 세우고 실천할 수 있다. 환율변동으로 인해 자금 흐름이 불안정한 상태에 놓인다면 정상적인 기업활동을 하기 어렵다. 그래서 외환시장에서는 시간과 조건을 거래한다. 현재의 돈과 미래의 돈이 거래되고 서로 화폐를 교환하는 조건을 설정하기도 한다. 미래에 거래될 화폐가 현재 화폐 가격에 영향을 미치고 각종 조건만을 거래하는 행태가 현재와 미래 환율에 영향을 미치기도 한다. 그만큼 복잡하고 다양한 거래가 이뤄진다.

대표적인 것이 선물거래다. 선물거래는 미래의 위험을 줄이려는 데서 비롯됐다. 기업들이 해외에 물건을 팔 때, 계약을 체결하고 물건을 넘긴 후 수출 대금을 받기까지 여러 날이 걸린다. 계약할 때 가격을 결정하지만 나중에 돈을 받을 때 환율변동에 따라 손해를 입을 수도 이익을 볼 수도 있다. 그래서 선물환거래를 통해 미래의 특정 시점에 일정한 환율로 외환을 주고받으며 환율변동으로 인한 위험을 줄이려 한다.

예를 들어 한 중소기업이 10만 원짜리 화장품 1억 원어치를 미국에 수출하고 대금은 3개월 후에 받는 경우를 생각해보자. 지금 환율이 1달러당 1,000원일 때, 1억 원어치의 화장품을 수출하면 10만 달러를 받는다. 이 기업이 '3개월 후 1달러당 1,000원'이라는 선물환계약을 체결하면 그후 환율이 어떻게 바뀌든 간에 계약 조건에 따라 3개월 후 10만 달러를 받아 1억 원의 원화로 바꿀 수 있다. 이처럼 선물환계약이란 지금 계약을 하고 이 계약에 따라 미래에 대금을 지급하는 것이다. 이 경우 환율변동에 따라 이득을 얻을 수 있는 기회와 손해를 입을 수 있는 상황을 동시에 차단해 환율변동에 따른 위험을 줄인다.

선물환거래의 일종이지만 만기 때 발생한 차액만 결재하는 방식의 거래도 있다. 역외선물환(NDF, Non-Delivery Forward)거래는 계약 당시의 환율과 미래의 특정 날짜인 계약 만기일 환율 간의 차액만 결제한다. 예를 들어 10만 달러를 1,000원에 매도하는 선물거래를 NDF 시장에서 체결했다고 가정해보자. 이때 환율이 1,100원으로 오른다면 10만 달러는 1억 1,000만 원이다. 이 경우 거래 상대방은 계약 당시의 금액과 현재 금액의 차액인 1,000만 원을 나에게 지급해야 한다. 반대로 환율이 900원이 될 경우 내가 거래 상대방에게 1,000만 원을 지급한다. NDF거래는 차액만 결제하기 때문에 적은 돈으로 큰 규모의 거래를 할 수 있어 환투기 세력에게 이용되기도 한다.

NDF거래는 해외기업들과 국내 외국환은행 간에 이뤄진다. 원달러 NDF거래는 싱가포르, 홍콩, 동경 등 아시아 지역을 비롯해 런던, 뉴욕, 프랑크푸르트 등에서 이뤄진다. 환율이 결정되고 고시되는 우리나라 외환시장은 2024년 7월부터 오전 9시에 개장해 다음 날 새벽 2시에 마감한다. 이전에는 오전 9시 30분부터 오후 3시 30분까지 개장했다가 외환시장을 선진화하겠다는 정부의 정책에 따라 개장 시간이 대폭 늘었다. 하지만 원달러 NDF시장은 특정 거래소가 아닌 장외(OTC, Over The Counter) 시장에서 거래되기 때문에 24시간 거래된다. 한국시장을 필두로 동경, 홍콩, 싱가폴, 런던을 거쳐 뉴욕시장에서도 NDF달러 거래는 계속된다. 이 과정에서 각국에는 다양한 사건 사고가 일어나고 이를 반영한 NDF환율도 계속 움직인다. 특히 우리나라 시장이 개장되는 9시 30분에는 뉴욕시장의 NDF환율이 우리나라 현물환율에 큰 영향을 미친다. 이 때문에 환율 변화에 민감한 사람들은 뉴욕시장 NDF환율의 움직임을 계속 확인하는 경우도 많다.

이외에도 외환시장에는 다양한 파생상품이 있다. 그중 옵션과 스왑은 환율변동에 따른 위험을 줄이는 데 집중한다. 옵션거래는 정해진 환율에 달러를 매각 또는 매수할 수 있는 권리만 사는 것이다. 예를 들어 3개월 후 1달러당 1,000원에 달러를 팔 수 있는 옵션을 100만 원에 샀다고 가정해보자. 3개월 후 환율이 900원이 되면, 옵션

없이 10만 달러를 보유한 기업은 1,000만 원의 손실을 입는다. 옵션을 매입했다면 이 기업은 3개월 후 10만 달러를 1,000원으로 교환해 1억 원을 챙길 수 있다. 여기에 옵션가격 100만 원을 빼면 이 기업의 수입은 9,900만 원이 된다. 반대로 환율이 1,100원으로 오르면 어떻게 될까. 이때 이 기업은 옵션을 행사하지 않고 1,100원에 10만 달러를 매각해 1억 1,000만 원을 받을 수 있다. 옵션은 권리를 산 것이기 때문에 자신이 유리한 방향으로만 행사하면 된다.

스왑거래는 미래의 특정 시간에 상품이나 금융자산을 서로 교환하는 거래를 말한다. 예를 들어 원화와 달러화를 현재의 환율로 미래 시점에 서로 간에 교환하기로 계약을 체결하면 미래의 환위험을 줄일 수 있다.

외환시장의 여러 움직임을 이해해야 환율의 변화를 비교적 정확하게 예측할 수 있다. 다만 고도로 발달된 각 시장과 상품을 이해하고 예측하는 것은 일반인들의 영역은 아니다. 외환시장의 규모가 크고 구조가 복잡해 많은 자본과 지식으로 무장한 세력들이 외환시장을 주도하고 일부는 이를 이용해 환투기에 나서면서 시장을 교란시키는 경우도 많은 것이 현실이다.

국가의 비상금, 외환보유고

외환보유고는 한 나라의 외화비상금이다. 국가가 외화비상금을 만드는 이유는 개인의 상황과 비슷하다. 갑작스런 사고가 발생했거나 질병에 걸렸을 때 돈이 없어 낭패를 당할 뻔한 경험이 누구에게나 한두 번은 있다. 예상하지 못한 실직을 당했을 때도 비상금이 필요하다. 국가도 마찬가지다. 예기치 않게 외환이 필요한 경우가 발생한다.

우리나라 대기업들이 심각한 위험에 처하거나 북한의 위협 등으로 우리나라 경제가 불안해질 때, 우리나라에 투자한 외국인들이 대규모로 이탈하고 외환시장은 요동친다. 이때 정부는 비상금인 외환보유고를 활용해 시장을 안정시키고 외국인 투자자의 이탈을 막는다. 만약 비상금이 없다면 대외적으로 위기가 닥쳤을 때 외환시장을 진정시킬 수가 없다. 대외개방도가 높고 규모가 작은 나라일수록 외화 비상금이 필요할 때가 많다. 우리나라도 그중 하나다.

개인은 비상금 대부분을 현금으로 갖고 있는 경우가 많다. 비상상황에 대처하려면 현금이 가장 효과적이기 때문이다. 국가도 외환보유고가 필요할 때 즉각적으로 사용할 수 있어야 한다. 국제적으로 가장 범용성이 높은 화폐는 단연 미국 달러고, 이 때문에 외환보유고도 달러로 보유하는 경우가 많다. 우리나라 외환보유고는 2024년 4월 기준으로 총 4,133억 달러에 달한다. 이 중 미국 달러를 포함해 유로화, 엔화, 위안화 등 외화자산이 3,895억 달러로, 외환보유고의 94%를 차지한다. 이 돈은 모두 해외 채권, 주식, 예금 등 금융자산으로 구성된다. 외화자산의 70% 정도가 달러표시 자산이다.

외화자산 이외에는 금(48억 달러), 특별인출권SDR(146억 달러), 국제통화기금IMF포지션(44억 달러) 등이 외환보유고에 포함된다. SDR은 IMF 가맹국이 국제수지 악화 등의 상황이 발생했을 때 필요한 외화를 인출할 수 있는 권리를 표시한 통화다. IMF 회원국이 보유한 통화에 대한 일종의 청구권이다. 우리나라는 국제수지가 큰 폭으로 악화돼 외환이 필요하면 최대 146억 달러를 IMF로부터 인출할 수 있다는 의미다. IMF포지션은 IMF 회원국이 의무적으로 납입한 출자금이다. 이를 납입한 국가가 필요하면 언제든 인출할 수 있다. 금 또한 가장 범용성이 높은 귀금속이라 외환보유액에 포함된다.

정부와 한국은행은 외환보유고를 활용해 외환시장에서 달러를 사고팔아 환율을 안정시킨다. 예를 들어 2024년 3월 외환보유고는

4,193억 달러였다. 4월의 4,133억 달러와 비교하면 한 달 새 60억 달러 정도가 줄었다. 이는 정부와 한국은행이 시장에서 달러를 60억 달러 정도 팔았다는 얘기다. 달러를 팔아 원화값을 안정시키는 데 활용했다고 해석하는 것이 타당하지만, 정확한 외환보유고 운용내역은 공개되지 않는다.

외환보유고를 확보하는 방법은 여러 가지다. 우선 한국은행이 시장에서 외환을 사들일 수 있다. 한국은행은 원화와 외환을 거래하는 방식으로 외환시장에 개입한다. 이때 원화를 주고 외화를 사면 외환보유고는 늘어난다. 다만 이때는 원화가 시중에 유통돼 물가상승 압력이 커질 수 있는데, 이를 막기 위해 한국은행은 통화안정증권이라는 채권을 발행해 시중에 유통시키고 원화를 흡수한다. 이때 발생한 통화안정증권에 대한 이자는 한국은행이 지급해야 하는데, 이는 외환보유고를 확보하는 것은 공짜가 아니라는 의미이기도 하다.

정부가 외화를 차입해 이를 한국은행에 예치할 때도 외환보유고는 늘어난다. 정부는 외국환평형기금이라는 채권을 해외에서 발행해 달러를 들여오기도 한다. 이렇게 조성하는 달러도 외국환평형기금 채권에 대한 이자를 지급하고 가져오는 것이다. 마찬가지로 이자비용은 우리 정부가 부담해야 할 몫이다.

민간금융회사들이 국내기업이나 개인들로부터 외환을 사들이거나 해외에서 외화자금을 조달하는 경우가 있다. 이 중 일부는 한국은행의 외화지급준비 계정에 예치돼 외환보유고로 잡힌다.

결과적으로 우리나라가 해외에 수출을 많이 하거나 외국인 투자자

한국 외환보유고 추이

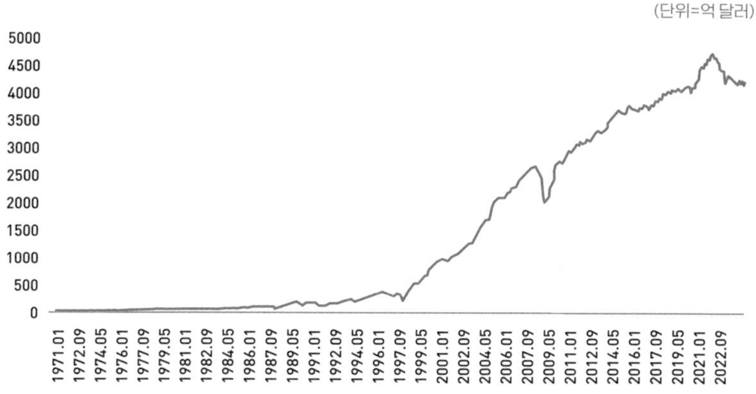

자료=한국은행

들의 한국 투자가 늘어날 때, 또는 해외에서 차입을 늘릴 때 외환보유고는 늘어난다. 반면 수출보다 수입이 많거나 우리나라에 대한 투자가 줄고 해외투자가 늘어날 때, 또는 해외에서 돈을 빌려오기 어려워질 때 외환보유고는 줄어든다. 특히 외환시장이 불안정해서 환율이 빠른 속도로 올라 당국이 달러를 팔고 원화를 사들이는 개입을 늘리면 외환보유고는 줄어든다. 이 경우는 목적에 맞게 비용을 지출한 것이지만, 위기 상황에 비상금이 줄어든 것이기도 하다.

외환보유고는 공짜가 아니기 때문에 이 돈을 유지, 관리하는 비용은 줄이고 수익은 올리는 것이 좋다. 또 어느 정도의 외환보유고를 확보하는 것이 적정하냐는 문제가 제기된다. 우리나라의 외환보유고

한국 외환보유고 구성

(단위=억 달러)

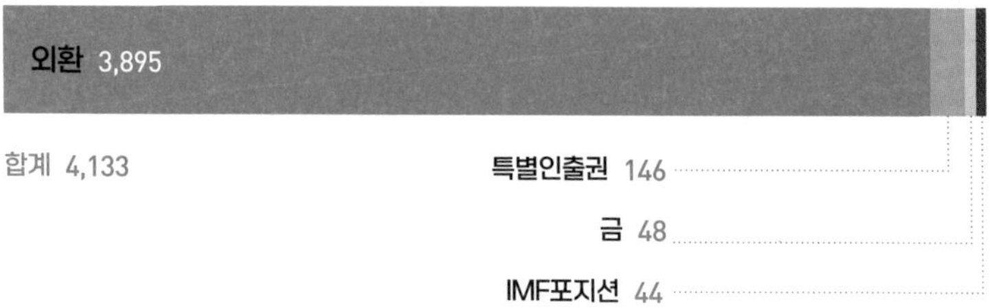

* 2024년 4월 기준

는 1997년 300억 달러 수준에서 2024년에는 4,100억 달러가 넘는 수준으로, 27년 새 14배가량 늘어났다. 같은 기간 우리나라 GDP는 5,700억 달러에서 1조 7,000억 달러 수준으로 3배가량 늘었다. 경제 규모에 비해 외환보유고가 압도적으로 많이 늘었다. 외환보유고를 조성하고 유지하기 위한 비용도 크게 늘었다. 우리나라는 1997년 외환위기와 2008년 글로벌 금융위기를 거치면서 환율 불안을 심하게 겪은 경험이 있어 '외환보유고는 많을수록 좋다'는 인식이 있다. 실제 외환보유고가 대폭 늘어나면서 많은 관리 비용을 지불하고 있지만 대외적으로 우리나라의 신인도가 올라가고 외환시장이 안정되는 효과를 보고 있다. 앞으로는 대폭 늘어난 외환보유고를 어떻게 효율적으로 운영할지가 우리나라 정부와 한국은행의 숙제다.

3

달러 패권과 환율

강한 미국을 만든 힘, 달러 패권

'팍스 아메리카나' 미국이 가진 힘의 원천은 무엇일까. 가공할 만한 파괴력을 가진, 압도적인 국방력이 우선 떠오른다. 뒤이어 세계 1위를 지키고 있는 경제력이 떠오른다. 전통적인 제조업과 농업 기반을 유지하면서도, GAFA(Google, Amazon, Facebook, Apple) 등 빅테크, 플랫폼 기업들이 최신의 디지털 세상을 이끌어가고 있다. 하지만 이 또한 부차적인 조건이다. 세계 유일 강력한 미국을 지탱하는 힘은 바로 금융, 달러에서 나오기 때문이다.

미국의 달러는 국가 간 금융거래의 기본이 되는 기축통화로, 사실상 미국은 달러를 통해 세계 금융과 경제를 주무르며 금융 패권을 장악하고 있다. 1, 2차 세계대전을 거치면서 세계 1위 국가로 올라선 미

세계 외환보유고 달러 비중

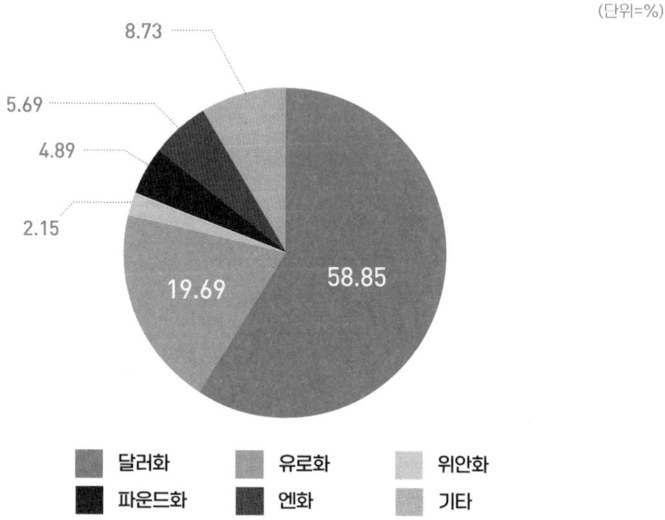

출처=International Monetary Fund, 2024년 1분기말

국은 브레튼우즈 체제를 통해 달러 기축통화 구조를 구축했고, 경제 규모와 금융시장, 국방력 등 총체적인 국력으로 달러 활용을 널리 확산시켰다. 미국이 시작했지만 미국만의 힘은 아니다. 무역이나 자본 거래에서 상대방이 달러를 선호하면 당사자 역시 달러 기준으로 거래하게 된다. 달러는 거래의 편의성과 비용 절감, 높은 안정성을 지니며, 이를 바탕으로 더욱 활발히 통용돼 국제 거래의 관행으로 정착했다. 유로화, 위안화, 엔화 등도 국제통화로 이름을 얻고 있지만 진정한 의미의 세계 기축통화는 미국 달러화가 유일하다.

무역금융 달러 비중

(단위=%)

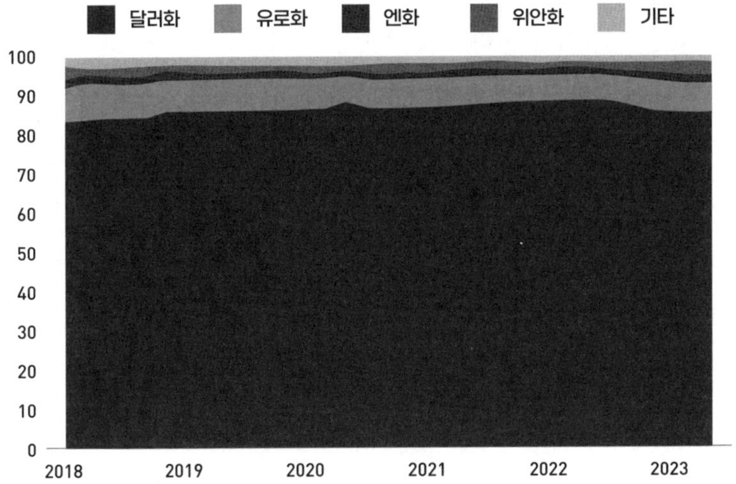

자료=COFER, SWIFT and calculations

달러 패권은 금융과 자본 거래, 세계 위상 등을 고려한다면 포괄적으로 80% 이상을 차지하는 것으로 추정된다. 미국은 당연하고, 미국이 아닌 나라들 사이에 무역과 자본거래가 대부분 미국 달러로 이뤄진다. 미국과 유럽연합은 G7회의체와 나토(NATO) 그리고 국가 간 통화스왑으로 밀접하게 연계되어 있다. IMF, 세계은행 등 국제경제기구는 미국의 영향력하에, 미국과 공조체제를 형성하고 있다. 미국과 동맹관계에 있는 유럽연합의 단일통화 유로화를 포함하면 세계 금융시장은 미국이 좌지우지하고 있는 게 분명한 현실이다.

분야별로 달러의 영향력을 살펴보면 그 위력을 더욱 실감할 수 있다. 우선 무역거래에서 달러화 비중은 아시아 태평양 지역에서는 74%, 여타 지역에서는 약 80%를 차지한다. 유럽에서만 유로화가 60%대를 점유하고 있다. 외환거래는 거의 90%가 달러표시로 이뤄지고, 국제 금융거래에서 달러표시 대출이나 예금은 60%선이다. 세계 각국이 외화 유동성 위기에 대비해 축적하고 있는 외환보유고 중 60%가 달러화나 달러표시 자산이다. 세계 GDP 중 미국의 비중이 4분의 1 정도이고, 구매력평가 기준으로 15%인 점을 고려하면 금융 분야에서 미국이 차지하는 영향력이 더욱 두드러진다.

달러가 가진 위력은 당연히 미국에 가장 큰 혜택을 준다. GDP의 6%에 달하는 재정적자와 3%를 차지하는 무역적자라는 쌍둥이적자를 해결하는 데 달러가 절대적인 도움을 준다. 미국이 적자재정을 충당하기 위해 발행하는 국채는 외국인 투자자들이 매입하고 세계시장에서 거래된다. 미국기업들은 무역거래를 할 때 자국 화폐인 달러로 결제하므로 아무런 환위험에 노출되지 않는다. 뉴욕증권거래소를 주축으로 하는 미국 자본시장과 금융회사들은 자본 유출입을 중개하는 과정에서 가장 유리한 입장이다. 미 연준이 금리를 올리거나 내려, 다른 나라 통화의 가치가 변동될 때 자본비용을 좌지우지하는 편에 있기 때문이다.

전 세계 모든 나라는 자국 통화를 미국 달러와 비교해 가치를 평가한다. 이것이 곧 각 나라의 달러 대비 환율이다. 예를 들어 우리나라 원화가 달러화에 비교해 얼마나 가치있는지가 매일 외환시장에서 원달러 환율로 정해진다. 이렇게 정해진 환율은 수출입기업의 결제와 개인들의 환전 그리고 금융기관들의 외환거래의 기준으로 활용된다. 자국 통화의 환율이 달러를 기준으로 정해지면 달러 이외에 다른 나라 통화의 환율은 각 나라의 달러 대비 환율을 반영해서 정해진다. 이렇게 전 세계가 미국 달러라는 통화의 영향권 속에서 살아간다.

이 모든 일이 지금은 너무나 당연하게 받아들여질 것이다. 하지만 2차 세계대전, 브레튼우즈 협정 등이 없었다면 지금과는 또 다른 상황이었을 것이다. 뒤에서 자세히 살펴보겠지만, 여러 사건과 상황들이 켜켜이 쌓여 달러 체제는 세계 금융시장에 정착될 수 있었다.

미국 달러는 환율이 없지만, 달러지수가 있다

달러 패권이 당연하게 여겨지는 만큼 낯설게 느껴질 질문 하나를 해보자. 달러에도 환율이 있을까? 달러와 다른 나라 화폐가치를 나타내는 환율은 쉽게 볼 수 있지만 달러 자체의 환율에 대해선 들어본 적도 없을 것이다. 사실 아예 필요하지도 않다. 달러는 달러 자체로 돌아갈 뿐이고 다른 나라들이 달러에 맞춰서 자국의 경제와 금융시장을 운용하기 때문이다. 예를 들어 원달러 환율을 보면 시장이 열려 있는 동안 여러 변수에 따라 시시각각 환율이 바뀐다. 원달러 환율은 원화에 대한 달러의 상대가치이지만 한미 관계에 의해서만 결정되진 않는다. 가장 중요한 변수는 한국의 종합적인 펀더멘털(거시경제에서 펀더멘털은 고용, 생산, 물가 등 한 나라의 경제를 나타내는 기초적인 지표를 의미한다)

이지만, 유로화, 엔화, 위안화 등 여러 통화의 환율과 세계시장 흐름에도 영향을 받는다.

세계시장은 달러 체제를 중심으로 작동한다. 유로화와 달러 그리고 엔화와 달러 간 상대가치는 각각 다르다. 달러와 나라 간 환율은 각 나라의 외환시장에서 시시각각 정해진다. 미국과 해당 국가의 상품과 서비스 교역, 주식·채권·부동산 투자 등이 대부분 달러표시로 이뤄진다. 나라마다 다르기 마련인 달러가치를 가늠하기 위해 달러지수가 탄생했다.

그 시작은 1971년 8월 15일 닉슨쇼크, 즉 금태환정지선언으로 인해 세계시장이 요동쳤을 때였다. 그전까지만 해도 달러를 가져오면 금으로 교환해주는 금환본위제가 시행되고 있었다. 하지만 미국의 금보유량이 감소하고 재정적자로 돌아서면서 금환본위제는 위기를 맞았다. 금 1온스에 35달러로 고정하고, 달러가치 하락을 반영한 '현실화' 조치를 취했지만 제대로 작동하지 않았다. 다음 글에서 금환본위제를 좀 더 구체적으로 살펴보겠지만, 결국 금환본위제가 중단되고 세계 금융시장이 혼란에 빠지면서 주요 선진국들이 모여 여러 방법을 모색했다.

달러지수는 처음에는 서독 마르크, 프랑스 프랑, 이탈리아 리라, 영국 파운드, 네덜란드 길더, 벨기에 프랑 등 유럽 여러 나라의 통화를 주축으로 일본 엔, 캐나다 달러, 스위스 프랑, 스웨덴 크로네 등 10개국 통화가 포함됐다. 나중에 마르크, 프랑, 리라 등이 유로존 출범으로 유로화로 통합된 후 6개국 통화로 통합됐다. 당시 세계 외환시장은

달러지수 통화바스켓

(단위=%)

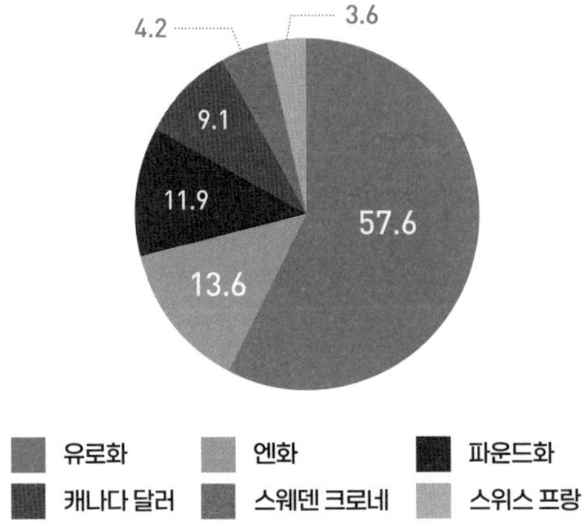

출처=ICE

유로화 57.6%, 엔화 13.6%, 영국 파운드화 11.9%, 캐나다 달러 9.1%, 스웨덴 크로네 4.2%, 스위스 프랑 3.6% 순으로 이뤄졌다. 이들 국가들은 미국과 상품 및 자본거래가 많은 나라들이었고, 미국은 유럽을 중심으로 주요 선진국 통화를 반영해 달러지수를 만들었다.

달러지수의 한계

달러지수가 현 시점의 세계 경제를 모두 반영하고 있다고 보기는 어렵다. 세계 2위 경제 규모를 갖춘 중국 위안화가 빠져 있고, 경제력

성장으로 세계 경제에 새롭게 두각을 드러내는 인도의 루피화도 지수에 포함돼 있지 않다. 미국과 밀접한 교역국가인 멕시코, 한국, 호주 등도 제외돼 있다. 러시아 루블화는 냉전시대를 거쳐 체제 차이 때문에 아예 대상으로 고려되지도 않았을 것이다.

유엔가입국을 기준으로 전 세계 국가는 200여 개에 달한다. 종합주가지수처럼 모든 나라들의 GDP와 교역 규모 등을 반영해서 달러지수를 만들 수도 있지만 그런 지표는 앞으로도 없을 것이다. 달러지수가 현재의 세계 경제 환경을 완벽하게 반영하지 못해도, 미국 입장에서 새로운 통화를 추가하게 되면 지표의 변동성이나 정치적 불확실성이 커질 수 있기 때문이다. 각국이 달러에 대한 환율을 갖고 있는 현실과 더불어 현재의 달러지수는 미국 달러의 강력한 경제적 위치와 중요성을 강조하는 달러 패권의 일환이다. 현실적으로도 달러지수는 장기지표로서 통계의 일관성을 위해 불가피한 측면도 있다.

현대 경제에서 달러지수는 서방 선진국들과 미국 달러 간 통화가치의 변동을 파악하는 숫자로 이해하면 된다. 달러지수는 1973년 3월의 100을 기준으로 오르내린다. 달러지수가 100보다 높으면 달러가치가 강해진 것이고, 100보다 낮아지면 달러가치가 약해진 것으로 해석한다. 1985년 2월에는 달러지수가 164.72까지 상승했다. 미국의 경제학자이자 당시 미 연준 이사회 의장이었던 폴 볼커가 인플레이션을 잡기 위해 기준금리를 20%까지 올렸고 중남미 금융위기가 터졌기 때문이다. 반면, 서브프라임 모기지 사태가 발생했던 2008년 3월에는 70.69까지 떨어졌다.

달러지수 추이

출처=investing.com

이때의 달러지수는 대륙간거래소(ICE, Inter Continental Exchage) 달러지수다. 미 연준이나 JP모건이 교역량이나 신흥시장 통화를 고려해 달러지수를 산출하기도 하는데, 금융시장이나 미디어에서 가장 널리 활용되는 건 대륙간거래소 달러지수다. 이는 ICE가 1985년부터 미 연준의 달러지수를 기반으로 한 선물거래를 중개하면서 대중화됐다. ICE는 1990년대 후반에 천연가스 등 에너지를 거래하며 출범한 이후 인수합병을 거쳐 뉴욕증권거래소와 ICE선물거래소 그리고 미국, 영국, 유럽, 싱가포르 등 여러 나라에 걸쳐 6개 청산소(선물거래가 체결된 후 거래가 종료될 때까지 신용 위험을 관리하는 기관으로, 매도자와 매수자 사이의 중개자 역할을 한다)를 소유한 지주회사다.

닉슨쇼크 이후 더 강해진 달러

자본주의 체제 초기에 한 나라의 통화가치는 주로 금에 연동돼 결정됐다. 금 가격에 화폐가치가 정해지는 금본위제 방식으로, 여러 나라들이 화폐를 발행할 때 확보된 금의 양에 따라 종이화폐를 발행했다. 금이나 은이 곧 화폐였던 금본위제에서 종이 쪽지가 금화에 맞먹는 가치를 지니도록 하기 위해서는 법정화폐, 즉 법화라는 제도적 장치가 필요했다. 각 나라는 종이에 인쇄된 숫자의 가치만큼 물건을 사고팔도록 법으로 의무화했다.

세계의 판도가 바뀐 건 1, 2차 세계대전을 겪고 난 후였다. 전 세계를 식민지로 경영할 것 같았던 '해가 지지 않는 제국' 영국이 지고, 미국이 떠올랐다. 미국은 1차 대전 때 승전국에 자금을 지원해 채권국이 됐고, 2차 대전에는 직접 참전해 세계 1위 패권국으로서 지위를 확보했다. 1차 대전이 발발하기 전 미국의 금 보유량은 20억 달러와 맞먹었는데, 전후 2배로 늘어 40억 달러의 화폐를 발행할 수 있을 정도였다.

특히 2차 대전이 끝나기 전 1944년 7월 미국 브레튼우즈에서 열린 회의에서 세계 경제와 외교 패권의 이동을 확인할 수 있다. 당시 서방 44국 대표들은 세계의 금융질서를 새로 구축하려 했고, 영국 대표인 존 메이너드 케인즈와 미국 대표 해리 덱스터 화이트는 치열하게 논쟁을 벌였다. 케인즈가 제시한 초국가적 세계화폐 '방코르'와 국제청산동맹 체제는 수용되지 않았다. 영국에서 미국으로 패권이 넘어간 현실에서, 미국은 금 1온스당 35달러를 기준으로 하는 금환본위제, 즉 금 달러본위제로 불리는 체제를 출범시켰다. 세계 여러 나라 통화는 금이나 달러를 기준으로 환율이 고정되고, 1% 범위 내에서만 변동될 수 있었다. 달러를 제시하면 금으로 교환해주는, 달러가치를 금에 고정시키는 고정환율제였다. 이는 세계 경제와 금융시장이 미국 달러를 중심으로 전환되는 역사적 사건이었다.

더불어 국제통화기금과 세계은행으로 불리는 국제부흥개발은행(IBRD)을 두 축으로 하는 국제금융체제가 만들어졌다. 이때부터 IMF 총재는 유럽 쪽에서, IBRD는 미국 쪽에서 수장을 맡는 관행이 정착됐다. 두 기구 모두 미국이 실질적인 지배권을 행사하고, 달러 패권체제를 지탱해왔다. 이렇게 전후 국제금융체제를 달러 중심으로 새로 구축하는 브레튼우즈 체제가 완성됐다.

하지만 브레튼우즈 체제는 미국 자체적인 원인으로 붕괴되었다. 1950~60년대 소련과의 냉전이 격화됐고, 베트남전에 참전하는 등 미국의 재정불균형이 심화되고 무역수지 적자가 누적됐다. 여기저기서 미국 달러가치의 하락을 우려하는 목소리가 터져나왔다. 런던시장에서 금값이 치솟고 당시 프랑스는 강력하게 미국 달러 체제를 비판했다. 지스카르 데스탱 재무장관은 달러가 '과도한 특권exorbitant

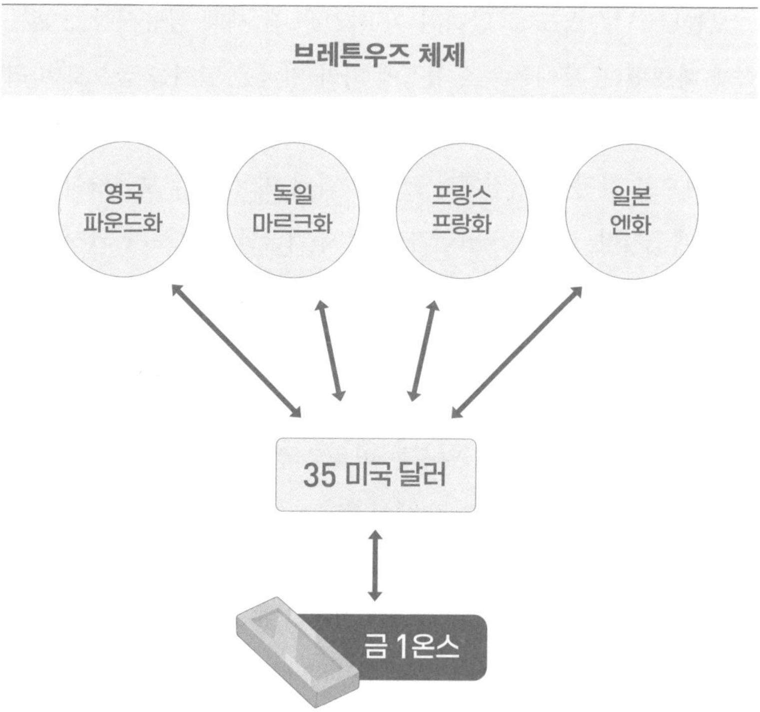

privilege'을 가지고 있다고 주장했고 프랑스 경제학자 자크 루에프는 미국이 '고통 없는 적자'를 누린다고 비판했다.

우려를 넘어 실제로 국제 금융시장에서 달러가치가 하락하자 여러 나라들이 미국에 달러를 제시하고 금으로 교환해달라고 요청했다. 1971년 5월 서독이 고정환율제를 이탈했고 네덜란드는 대규모 달러를 금으로 요구했다. 프랑스를 비롯해 영국, 스위스 등 잇따라 금 교환을 요구할 움직임을 보이자, 미국 닉슨 대통령은 1971년 8월 15일 휴일에 긴급회의를 열고 금태환정지를 선언했다.

오늘날 '닉슨쇼크'로 알려진 이 사건은 전 세계 금융시장을 혼돈 속에 빠뜨렸다. 브레튼우즈 협정에 따라 미국은 달러를 금으로 바꿔줄 의무가 있었지만, 닉슨 대통령이 금으로 교환해주지 못하겠다고 일방적으로 결정했다. 경제가 크게 악화돼 미국의 금 보유량이 소진됐기 때문이다. 닉슨은 "달러가 국제 투기꾼들의 포로가 되지 않게 달러를 보호하고 미국인들의 생활을 보장하기 위해서 결정한 것이고, 미국인들에게 별다른 해가 되지 않을 것"이라는 성명을 발표했다. 미국의 금태환정지 선언은 곧 브레튼우즈 체제의 붕괴를 의미했다. 또한 금과 달러가치가 일정한 비율로 정해져 있는 고정환율제가 깨졌다는 것을 전 세계에 알린 셈이었다.

닉슨쇼크 이후 몇 년간 세계 금융시장은 큰 혼란을 겪었다. 1971년 12월 선진국 10개국이 스미소니언 협정을 통해 금 1온스당 38달러로 달러가치를 낮추고, 각국 통화의 환율변동폭을 확대해 브레튼우즈 체제를 유지하려고 했으나 역부족이었다. 이후 영국이 1972년

"달러가 국제 투기꾼들의 포로가 되지 않게 보호하고, 미국인들의 생활을 보장하기 위해" 닉슨은 일방적으로 금태환정지를 선언했다. 전 세계 금융시장은 혼돈에 빠졌지만, 결과적으로 달러 체제는 더욱 강화됐다.

6월 파운드화에 대한 환투기에 시달리다가 변동환율제를 채택했고, 1973년 1월 이탈리아와 스위스가 그 뒤를 따랐다. 1973년 3월에는 서독, 프랑스, 네덜란드 등 유럽연합 6개국과 스웨덴, 노르웨이가 공동 변동환율제를 채택하면서 스미소니언 협정은 유명무실화되고 국제통화제도는 변동환율제 시대로 이행했다.

금金에서 벗어나 오히려 강해진 달러 체제

아이러니하게도 닉슨쇼크는 달러 체제를 더욱 공고히 하는 결과로 이어졌다. 이미 달러 체제에 익숙해졌고, 달러를 지급결제 통화로 활용하고 있던 세계 금융시장에서 달러를 대체할 통화를 찾기는 어려웠다. 브레튼우즈 체제에서 미국 달러는 금에 묶여 있었지만, 닉슨의 금태환정지 선언이 결과적으로는 금 보유량에 얽매이지 않아도 되는 상황을 불러왔다. 미국은 자의적으로 달러를 발행할 수 있게 됐고, 자국 중심으로 펼치는 미국의 금융정책이 별다른 견제 장치 없이 전 세계에 직접적인 영향을 주게 됐다.

더불어 미국 또한 달러 패권 체제를 유지하기 위해 외교안보 역량을 동원했다. 미국은 1974년 7월 막후 협상으로 사우디아라비아와 '페트로달러 체제'에 합의했다. 원유를 거래할 때 결제통화로 오로지 미국 달러를 사용하고, 대신 미국이 사우디아라비아의 안보를 책임진다는 내용이었다. 중동 최대 산유국이자 아랍권 맹주인 사우디아라비아가 주도함에 따라 여러 중동 산유국이 뒤따랐고, 석유 거래 시 달러 결제는 관행이 됐다. 1970년대 세계 경제를 뒤흔들었던 1, 2차 오일쇼크를 거쳐 원유값이 급등하면서 산유국에 달러가 대량으로 유입됐다. 중동의 오일달러는 미국이 발행한 국채를 매입하고, 런던을 중심으로 한 유로달러 시장에 유입되면서 다시 미국과 서방 선진국 쪽으로 환류됐다. 이 과정에서 오일달러는 세계 금융시장에서 달러 체제를 더욱 굳히는 큰 역할을 했다.

2차 대전 이후 전 세계 금융시장은 달러 기축통화를 중심으로 돌아가는 관행에 익숙해졌다. 당시에는 유로존도 형성되기 전이었다. 국제 금융시장은 달러를 중심으로 각 나라 통화가치가 정해지는 변동환율제로 옮겨갔다. 국제 상거래와 금융거래는 주로 달러표시로 이뤄졌다. 이에 따라 주요 선진국들도 달러에 대한 자국 통화가치가 움직이는 변동환율제를 수용할 수밖에 없었다. 반면 신흥국들은 대체로 자국 통화를 달러에 고정시키는 달러페그제를 선택했다. 이는 환율변동이 심해지면 경제 운용이 어려워지기 때문에 일정 기간 동안 통화가치를 고정해두는 것이었다.

달러 패권의 역사	
기간	내용
1944.7	브레튼우즈 체제 (금환본위제 채택. 국제통화기금 및 세계은행 출범)
1969	IMF, 특별인출권(SDR) 도입
1971.8	닉슨쇼크(달러 금태환정지)
1971.12	스미소니언 협정
1973	석유 파동
1974	서방 선진국 변동환율제 채택 미국, 사우디아라비아와 페트로 달러 합의
1985	플라자 합의(엔, 마르크 평가 절상)
1995	멕시코 금융위기
1997	아시아 외환위기
1998	러시아 금융위기
1999.1	유로존 출범
2008	세계 금융위기
2010	테이퍼 탠트럼(긴축 발작) 유럽 재정위기
2015	중국 위안화, SDR 편입(12.28%)
2020	코로나 위기

달러 파수꾼,
미국의 환율조작국 지정

미 연준이 기준금리를 조정하면 세계 금융시장도 움직인다. 기본적으로 미 기준금리는 자국의 물가안정과 완전고용을 목표로 조정되지만, 전 세계 나라들의 금리정책에 영향을 끼친다. 그 시점을 보면 자동적으로 거의 동시에 이뤄지거나 약간의 시차가 있을 뿐이다. 경제규모가 큰 국가들도 미 금리에 영향을 받고, 각국의 금리정책은 상호 영향을 준다. 전 세계가 달러 패권이 돌아가는 세상에서 벗어나지 못한다는 방증이다.

금리와 달리 환율은 조금 다르게 작동한다. 환율은 두 국가 간 통화가치, 즉 두 나라 사이의 상대적인 가치를 나타낸다. 무역수지와 경제수지, 경제성장률, 재정 상태, 금융시장 안정성 등 각 나라의 펀더멘털이 환율에 복합적으로 영향을 끼친다. 덧붙여 해당 통화의 수요와 공급, 안전통화 여부 등이 환율을 결정하는 단기적인 변수들이다. 세계 경제의 영향을 무시할 순 없겠지만, 각 나라의 종합적인 여건과 두 나라 간 상호관계가 환율에 더욱 중요하다.

환율에는 항상 국가가 개입할 여지가 있다. 환율에 개입하는 건 대체로 자국 통화가치를 낮추기 위해서다. 역사상 여러 차례 반복된 주요 국가들의 환율 전쟁은 서로의 통화가치를 평가절하하려는 경쟁이었다. 이러한 현실 속에서 미국이 환율을 통제하기 위해 만든 중요한 제도적 장치가 바로 환율조작국 지정이다.

미 재무부만의 환율조작국 지정 기준

미국 재무부는 매년 두 차례 환율감시보고서를 발표한다. 1988년 로널드 레이건 대통령 때 제정된 종합무역법에서 처음으로 환율조작국 지정이 등장했다. 미국의 무역수지 적자가 누적됨에 따라 특정 국가가 환율을 조작하여 불공정하게 무역하는 것을 시정하려는 목적이었다. 2015년 오바마 정부 때 제정된 무역촉진 및 무역집행법은 대상과 지정 기준, 시정조치 등 그 내용이 더욱 구체화됐다. 무역촉진법은 심층분석대상국과 관찰대상국으로 분류한다. 심층분석대상국 지정 기준은 세 가지이다. 첫째, 외환시장에 개입할 때 달러화를 순매수한 규모가 GDP의 2%를 초과하고 12개월 중 8개월 이상 순매수한 경우, 두 번째 기준은 경상수지 흑자가 GDP 대비 3% 또는 경상수지 갭

이 1% 이상일 경우, 세 번째 기준은 대미 무역수지 흑자가 200억 달러 이상일 경우다.

세 가지 조건을 모두 충족하면 심층분석대상국이 되고, 두 가지 조건에 해당하면 관찰대상국으로 지정된다. 미국 재무부는 심층분석대상국과 해결방안을 찾기 위한 협상을 개시하고, 협상 진행상황과 결과를 의회에 보고해야 한다. 2024년 6월에 발표된 환율감시보고서에서 심층분석대상국으로 지정된 나라는 없다. 2023년 11월에는 대만, 베트남, 싱가포르, 말레이시아가 기준에 따라 관찰대상국으로 지정됐다. 독일과 중국은 세부 기준을 충족하지 않았지만 외환 관행상 지속적인 분석의 필요성으로 인해 포함된 것으로 보인다. 특히 중국은 대미 무역흑자 1개 요건에 해당되지만 외환시장 정보를 공개하지 않고 있고, 환율 메커니즘에 대한 투명성이 부족하다는 점을 들어 특별관찰대상국으로 지정했다. 새로 추가된 일본은 대미 무역흑자와 경상수지 2가지 요건에 해당됐다. 이 보고서는 일본의 외환시장 개입을 지적하면서, 적절한 사전협의를 거쳐 예외적인 경우에 한정해야 한다고 밝혔다. 2022년 상반기 환율감시보고서에서 관찰대상국으로 지정된 나라는 12개국이었다. 한국, 중국, 일본, 등 동아시아 국가를 포함해 독일, 이탈리아, 인도, 말레이시아, 싱가포르, 태국, 대만, 베트남, 멕시코 등이었다. 트럼프 정부 때 중국과 베트남, 스위스가 환율조작국으로 지정됐고, 베트남과 스위스는 2020년 말 종합무역법의 환율조작국과 무역촉진법의 심층분석대상국으로 동시에 지정됐다.

중국은 1992년부터 1994년까지 세 차례 그리고 2019년 8월 환

미국의 환율조작국 지정 기준				
	대미무역흑자 (억 달러)	GDP 대비 경상흑자 비율 (%)	GDP 대비 달러 순매수 개입	환율조작국 지정 여부
기준	200억 달러 초과	3% 초과	2% 초과	–
중국	294	1.7	해당 없음	무
독일	65	2.0	해당 없음	무
일본	68	3.5	해당 없음	모니터링 대상
한국	17	2.5	해당 없음	무
대만	30	14.1	해당 없음	모니터링 대상
베트남	105	3.4	해당 없음	모니터링 대상
싱가포르	13	26.9	해당 없음	모니터링 대상
말레이시아	31	6.7	해당 없음	모니터링 대상

자료=2023년 11월 미국 재무부 환율감시보고서 기반

율조작국으로 지정됐다가 2020년 1월에 해제됐다. 일본은 1988년에, 대만은 1988년과 1992년에 환율조작국으로 지정된 적이 있다. 한국은 1988년 대만과 함께 환율조작국으로 지정됐다가 1989년 해제됐고 심층분석대상국으로 지정된 적이 없다. 한국은 2016년 8월 이후 줄곧 관찰대상국으로 지정됐으나 2023년 11월 7년여 만에 제외됐다.

미국은 환율조작국으로 지정한 국가들과 협상할 때 국제통화기금(IMF)과 협력하고 공조체제로 압박을 가한다. 관세부과 등 불이익을 주거나, 미국기업들의 투자를 제한하거나 미국 조달시장에 참여하지 못하게 하는 등 제재를 가한다. IMF가 미국의 영향력 아래에 있고, 달러본위제를 운영하는 데 중요한 역할을 하고 있다는 점에서도 달러 패권의 위력을 느낄 수 있다.

미국의 환율조작국 지정에 대해 다양한 의견이 제기돼 왔다. 우선 미국 국내법을 토대로 세계 교역 체제를 규율하는 조치가 합당한가에 대한 의문이다. 힘의 논리가 작동하는 세계 경제와 외교의 현실 속에서 불가피한 측면이 있지만 자의적인 결정이라는 지적을 피하기 어렵다. 또한 환율조작국이라는 '오명name and shame'을 뒤집어 씌우는 효과가 있지만 실질적인 무역수지 개선에 도움이 되지 못한다는 지적도 있다. 통상에서 무역수지나 경상수지를 결정하는 것은 환율 못지 않게, 상품과 서비스를 생산하는 산업과 기업의 경쟁력에 달려 있기 때문이다.

환율 조작이냐 정책 조율이냐

미국의 환율조작국 지정의 가장 중요한 문제점은 환율 조작인지 정책 조율인지 구분하기 힘들다는 점이다. 환율의 특성상 각 나라들이 무역수지나 달러 등 외화의 수요와 공급 등을 고려해 어느 정도 '개입'하는 것은 한 나라의 경제운용상 당연한 조치이다. 예를 들어 세계시장이 요동칠 때 국내 환율의 급변동으로 인한 금융시장 불안을 잠재우기 위해 외환보유고를 동원해 외환시장에 개입할 수 있다.

환율은 무역수지에 큰 영향을 미치기 때문에 각 나라는 자국의 통화가치를 낮게 유지하려는 유인을 갖는다. 같은 상품이라도 달러 대비 환율이 높아지면 달러표시 수출제품 가격은 그만큼 내려간다. 무역수지를 개선하거나 흑자 규모를 늘리기 위해 국가가 나서서 환율을 높이려는 시도가 이뤄진다.

우리나라에서는 이명박 정부가 '고환율정책'을 폈다. 국내 수출기업들의 경쟁력을 높이기 위한 의도였다. '환율주권론'을 펼치며 환율을 높게 유지하는 정책에 따라 수입 가격이 올라 소비자물가가 급등하고 경기는 둔화되는 상황이 연출됐다. 당시 외환시장이 크게 흔들리면서 기획재정부 차관이 문책 경질되기도 했다. 반면, 단기간에 상승한 환율 덕분에 주요 수출 대기업들의 영업이익이 크게 늘었다.

따지고 보면 고환율정책은 개인이나 수입기업에게서 수출기업으로 부가 이전되는 결과를 초래한다. 환율이 낮으면, 즉 원화가치가 높으면 수입물가가 낮아져 개인이나 수입업체는 이익을 본다. 하지만 정부가 나서서 의도적으로 높은 환율을 유지하려고 하면 수출업체가 이익을 얻게 된다. 한편 환율정책이 노출되면 외환시장에 투기세력이 가세해 환율변동폭을 더욱 확대하는 부작용이 초래되기도 한다.

환율정책과 관련해 앞으로 주목받을 나라는 중국이다. 미중 대결이 격화되는 시점에 미국이 중국 위안화의 가치와 환율 수준을 어떻게 평가하고 조치하느냐에 따라 세계시장이 요동칠 수 있다.

환율조작국 제도를 미국이 운용하고 있는 것 자체가 달러 패권 시대를 명시적으로 보여준다. 브레튼우즈 체제에서 고정환율제인 금환본위제를 시작으로, 달러 중심의 변동환율제로 이행했던 역사는 향후 진행될 세계 판도의 변화에 따라 어떻게 흘러갈지 지켜볼 일이다.

미국의 숨은 무기, 중앙은행 간 통화스왑

세계 금융시장은 몇 년마다 한 번씩 큰 위기를 되풀이해왔다. 금본위제를 거쳐 금환본위제 그리고 달러본위제로의 변화도 당시에는 세계를 흔드는 위기였다. 미국 달러가 유일무이한 기축통화로 작동하는 달러본위제가 정착된 1970년대 이후 금융위기는 더 자주 반복된다. 고정환율제인 금환본위제와 달리 변동환율제가 갖는 내재적 변동성이 가장 큰 원인으로 지목된다.

금에 연계돼 화폐가 발행되는 금본위제, 금이나 은 등에 연계되는 복본위제 그리고 달러가 금에 묶여서 발행되는 금환본위제는 기본적으로 유동성 공급량이 제한될 수밖에 없다. 하지만 별다른 제약 없이 미국이 자국 사정에 따라 달러 발행량을 확대할 수 있고, 대규모 달러를 찍어내거나 국채를 발행해 무역적자와 재정적자를 충당하는 방식은 달러에 연동된 세계 금융시장을 미국의 움직임에 따라 요동치게 한다. 미국이 금리를 큰 폭으로 조정하거나, 서브프라임 모기지 부실사태 같은 대형 사고를 유발하면 전 세계 경제가 큰 혼란에 휘말리게 된다. 대체로 유로화, 엔화, 캐나다 달러 등 준기축통화를 보유한 주요 선진국보다는 경제 여건이 취약한 신흥국들이 위기에 빠지거나 국가부도 사태에 이르기 쉽다.

1970년대 미 연준 폴 볼커 의장이 기준금리를 대폭 인상하면서 촉발된 중남미 금융위기에 이어 1997년 아시아 금융위기, 2008년 세계 금융위기와 2010년 유럽 재정위기 등이 이어졌다. 아시아 금융위기 당시 원달러 환율이 거의 2,000원까지 폭등했던 일은 많은 이들의 기억에 아직도 생생한 큰 사건이었다. 2008년 미국의 서브프라임 모기지 부실사태에서 촉발된 세계 금융위기 때도 환율이 급격히 출렁거렸다. 위기 이전 2007년 연평균 원달러 환율은 929.2원에서 2009년 3월 6일에는 장 중 한때 1,597원까지 치솟았다.

금융위기가 닥치면 선진국과 신흥국 모두 태풍권에서 벗어나지 못하지만, 경제 펀더멘털이 취약한 신흥국들은 더 큰 소용돌이에 휘말리게 된다. 2008년 세계 금융위기 때의 일화는 이를 잘 보여준다. 당시 미 연준 의장이었던 벤 버냉키는 '헬리콥터 벤'이라는 별명을 얻었다. '헬리콥터로 돈을 풀어서라도 경제를 부양시키겠다'는 그의 발언에서 따온 재미있는 별명이지만, 현실적으로 많은 나라가 웃을 수 없었다. '헬리콥터로' 풀었던 유동성을 회수하겠다는 테이퍼링tapering

발언으로 신흥국 금융시장이 큰 혼란에 빠졌기 때문이다. 선진국이 양적 완화 축소 정책을 펴면 신흥국은 통화가치와 증시가 급락하는 현상인 테이퍼 탠트럼taper tantrum을 고스란히 겪어야 했다. 긴축 발작이라고도 부르는 이 현상은 미국이 기침하면 신흥국들이 독감이 걸리는 양상으로 되풀이된다. 미국의 경제 펀더멘털이 취약해져 발생한 위기에서 신흥국들의 통화가치가 이렇게까지 폭락하는 상황은 선뜻 이해하기 힘들다. 그렇기 때문에 더욱 기축통화로서 달러의 위상을 보여주는 대표적인 사례라고 할 수 있다.

선진국과는 상시, 신흥국과는 임시 통화스왑

환율 급변동으로 인해 신흥국들이 어려움을 겪는 것을 막기 위해 미국은 국가 간 통화스왑을 활용한다. 연준이 나서서 각국 중앙은행과 통화스왑 계약을 맺고, 만일 급하게 달러가 필요하면 마치 개인의 마이너스통장처럼 긴급자금을 빌려준다. 미 연준은 코로나 위기가 터진 2020년 3월 19일 한국을 비롯해 호주, 브라질, 멕시코, 싱가포르, 스웨덴 등 각각 600억 달러의 통화스왑 계약을 맺었다. 한미 통화스왑이 체결된 직후인 3월 20일 원달러 환율이 30원 이상 급락하는 효과가 나타났고, 증권시장의 주가는 급격하게 상승했다. 2008년 세계금융위기 때도 한미 양국이 300억 달러 통화스왑 계약을 체결하자 2008년 10월 30일 하루 사이에 원달러 환율은 177원이나 하락했다.

미국이 신흥국 및 일부 선진국과 체결한 통화스왑은 일시적 계약이다. 이러한 임시 통화스왑temporary U.S.dollar liquidity swap은 일정한 기간을 정해두고, 종료하거나 연장하는 방식으로 운영된다. 금액한도가 있고, 정해진 이자를 부담해야 한다. 반면 미국이 유럽연합과 일본, 스위스, 영국, 캐나다와 체결한 상시 통화스왑standing U.S.dollar liquidity swap도 있다. 미 연준은 통화스왑의 지속 여부와 관련된 불확실성을 줄여 5개 국가의 금융안정성을 높이기 위해 상시 통화스왑을 유지하고 있다고 설명한다. 2008년 세계 금융위기 때 미국 금융회사들이 달러를 포함한 5개 통화로 돈을 쉽게 빌려주기 위해 국가 간 임시 통화스왑이 체결됐다가 2013년 10월 상시 체제로 전환됐다. 미국을 비롯한 6개국은 두 국가 간에 통화스왑 계약을 맺고 있다. 이들 나라 간에 통화스왑은 별도로 만기가 정해져 있지 않고, 달러 또는 상대국 통화 기준으로 계약할 수 있다. 6개국 간 상시 통화스왑은 2009년 출범한 이래, 초기에 소액으로 시험 운용한 것을 제외하고는 실행된 적이 없다. 미국과 이들 나라 간의 외환시장은 24시간 운영되고 완전 개방돼 있다. 5개국의 통화는 준기축통화국으로 간주될 만큼 환율이 안정적으로 유지된다. 미국과 5개 서방 선진국들의 상시 통화스왑은 세계 금융시장을 이끌어가는 주춧돌이 되고 있다.

경제위기 국면에 접어들면 시장과 투자자들은 안전자산 선호flight to quality를 더욱 강하게 드러낸다. 달러는 세계 어느 곳에서나 통용되고 가치를 보전할 수 있는 자산이다. 마치 금이나 다름없는 지위를 누린다. 누군가에게는 금보다 더 나은 자산으로 느껴질지도 모른다. 금은 오로지 가격이 올라야 이득을 보지만 달러는 현금이 아닌 미국 국채나 달러표시 자산으로 보유하면 이자도 얻을 수 있기 때문이다. 달러는 환금성이나 가치 보전, 안정성에서 다른 통화에 비해 압도적인 우위를 점하고 있다.

달러 무기화와 탈달러화 움직임

미국은 달러를 강력한 무기로 사용해왔다. 이른바 달러 무기화다. 달러를 기반으로 한 거래에 대해 제재를 가하는 방식으로 달러를 무기로 사용한다. 은행이나 금융회사가 자국 법령을 위반하지 않았다 하더라도 미국이 정한 기준에 어긋나거나 미국 법에 저촉된다면 제재 대상이 된다.

최근의 사례로 미국은 우크라이나를 침공한 러시아를 제재하기 위해 동맹국들과 함께 러시아 중앙은행의 달러 자산을 압류했다. 또 러시아 주요 은행을 국제은행간통신협회(SWIFT) 결제망에서 배제하는 금융제재 조치를 내렸다. SWIFT는 브뤼셀에 본부를 두고 자율 경영을 하고 있지만 사실상 미국의 영향력 아래에서 의사결정이 이뤄진

국제은행간통신협회는 브뤼셀에 본부를 두고 있지만 미국의 영향력 아래 있다.

다. 현재 SWIFT 배제 조치를 받고 있는 나라는 러시아를 비롯해 이란과 북한 3개국이다. 미국이 적대국으로 꼽은 나라들이다.

미국 재무부는 2006년부터 2008년 사이에 이란 국영은행과 거래한 비이란계 은행들이 미국은행에 계좌를 개설하는 것을 금지했다. 미국은행을 통해 이란과 관련된 거래와 송금을 막은 것이다. 2005년 9월에는 북한의 불법자금을 세탁할 우려가 있는 곳으로 마카오의 방코델타아시아(BDA)은행을 지목하자, 대규모 예금인출사태인 뱅크런이 발생했다. 미국이 제재 대상으로 지목한 금융회사와 은행은 사실상 문을 닫아야 할 정도로 타격을 입는다.

금융제재는 해당 국가와 은행들은 물론 기업들에게 치명적인 영향을 준다. 달러를 매개로 한 거래가 중단되면 사실상 세계 금융시장에서 그 어떤 활동도 할 수 없다. 다른 나라의 상품을 수출입할 때 결제는 대부분 주요 은행들이 가입한 국경 간 결제망, SWIFT로 이뤄진다. SWIFT를 이용하지 못하게 되면 국경을 넘나드는 지급결제는 사실상 불가능하다. 금융제재를 통한 달러 무기화는 미국이 힘을 과시할 수 있는 결정적인 수단이자, 금융의 '핵폭탄'이라고 할 정도로 공포스러운 무기다.

무작정 당하지만은 않겠다는 의지에서 비롯된 반작용도 있다. 제재를 당한 나라들을 중심으로 그리고 이들 나라들과 비슷한 여건에 처한 나라들이 달러가 아닌 지급결제 수단을 찾아나섰다. 미국 밖 다른 나라들의 공적 금융기관이나 민간 금융회사들이 달러표시 자산을 보유하기를 꺼리는 등 이른바 탈달러화De-dollarization 움직임이 광범위하게 나타나고 있다.

특히 중국의 행보가 심상치 않다. 미국 국채 최대 보유국이었던 중국은 지속적으로 미국채를 매각해 비중을 줄여왔다. 중국의 미국채 보유금액은 2022년 4월 1조 달러 아래로 떨어졌고, 2024년 2월 기준 7,977억 달러로 더욱 줄었다. 대신 중국인민은행은 미국 달러 이외에 다른 나라 통화와 금 보유량을 확대해왔다.

한때 중국 관영언론은 미국과의 무역전쟁에 맞서는 수단으로 미국채 매각을 거론하기도 했다. 중국이 대규모로 미국채를 매각하면 국채금리가 상승해 미국의 실물경제에 부담을 줄 수 있다. 동시에 위안화가치를 높여 중국의 수출경쟁력을 약화시킬 수 있다. 하지만 수백억 달러 수준에 불과한 국채 매도만으로는 세계 미국채 시장에 별다른 영향을 주기 어려운 게 현실이다. 다만 미국채를 비롯한 달러 자산을 축소하면서 전방위로 확산되는 미국과의 대결 국면에서 중국이 대응수단을 갖고 있다는 정치적 메시지를 전달한 것으로 해석할 수 있다.

또한 트럼프 전 대통령이 대규모 관세 부과를 시작으로 공공연하게 압박하자 중국은 위안화 국제화를 중심으로 자체적인 국경 간 결제망을 더욱 활성화하고 달러 영향권에서 벗어나려는 시도를 해왔다. 디지털위안화, 페트로위안화 정책은 모두 위안화 국제화를 구축하려는 장기 플랜이다. 바이든 정부의 국가안보보좌관 제이크 설리반은 중국이 명시적으로 미국에 맞서는 패권 국가로서의 길로 들어섰다고 밝혔다. 트럼프 정부에 이어 바이든 정부도 중국을 '가상의 적국', 패권을 다투는 '실질적인 경쟁자'로 인정한 셈이다.

중국을 비롯해 브라질, 러시아, 인도, 남아프리카공화국 5개국으로 구성된 브릭스(BRICS) 협의체는 자국 통화를 결제수단으로 활용하거나 새로운 '공동 통화'를 구상하고 있다. 브라질 룰라 대통령은 '달러 지배에서 벗어나기 위해 회원국들이 다른 통화로 결제해야 한다'고 공공연히 주장해왔다.

유로존 국가들도 통화의 무기화에서 자유롭지 않다. 미국과 중국의 사례에서 볼 수 있듯 통화의 무기화는 자국의 통화를 정치적, 경제적 압력 수단으로 사용하는 것을 의미한다. 서방 진영은 지난 2022년 2월 러시아의 우크라이나 침공 이후 서방에 있는 러시아 국외 자산 2,800억 달러 상당을 동결했다. 대상 자산은 주로 러시아 중앙은행 예금 등이며 유럽연합에 집중돼 있다. 2024년 6월 G7정상회의에서 러시아 자산의 이자 등 수익을 활용해 500억 달러를 우크라이나 지원하기로 합의했다. 이에 대해 러시아는 유럽연합에 매우 고통스러운 일이 될 것이라고 보복을 시사해 갈등이 증폭될 것으로 보인다. 한편 이탈리아 중앙은행 파비오 파네타 총재는 러시아가 소유한 유로화표시 자산을 임의로 처분하거나 다른 용도로 활용하면, 장기적으로 유로화 자체에 대한 불신을 초래하고 유로화 활용범위가 제한될 것이라는 의견을 밝혔다.

만약 달러가 사라진다면

만일 달러가 사라진다면 어떻게 될까. 앞으로 적어도 30년 이상은 전혀 그럴 일이 없고, 그후에도 그렇게 될 가능성은 희박하다. 현실을 들여다보면, 무역이나 외환보유고에 쌓아두는 통화나 국채 비중을 보면 달러가 압도적이다. 상거래는 물론 세계 자본거래시장에서 달러 사용은 관행으로 자리잡았다. 또한 통화는 기본적으로 신뢰를 기반으로 한다. 발행한 나라는 물론이고 다른 나라가 그 가치와 활용을 믿지 못한다면 통용되기 힘들다. 그런 면에서 미국 달러는 오랫동안 기축통화로서 활용돼 온 만큼 신뢰도가 높다. 세계 경제에서 미국의 영향력이 큰 이유는 자국 통화가 기축통화인 덕분이기도 하지만, 군사력과 정치, 외교적 영향력 등 미국의 국력이 달러 패권을 강화해왔기 때문이기도 하다. 미국과 달러 체제가 긴밀한 만큼 달러 체제의 약화는 강대국으로서 미국의 지위가 약해지는 것을 의미하기도 한다. 한순간에 미국이 강대국의 자리에서 내려올 일은 없기에 달러가 없는 세계 경제 역시 떠올리기 힘들다.

하지만 다른 미래를 상상하는 사람들이 있다. 실제로 달러의 미래를 놓고 설왕설래가 많은데, 그 중심에는 중국이 있다. 미국과 중국이 맞서는 G2시대에 접어들어 중국 위안화의 급부상으로 달러 체제가 약화될 가능성이 있다는 의견이 많아졌다. 중국은 디지털위안화, 페트로위안화 등을 적극적으로 추진하면서 달러 패권에 공개적인 도전장을 내놓고 있다. 브릭스 국가들이 '브릭스페이'를 시험하고 역내 공동통화 구상을 내놓는 등 꾸준하고 적극적으로 도전하고 있다는 것도 많은 이들의 눈길을 사로잡는 듯하다. 많은 미디어와 학자들이 중국의 거침없는 질주에 미국이 점차 밀려나는 것이 예정된 수순이라는 주장을 펼쳤다. 미국 CNBC는 2022년 1월 중국이 미국을 제치고, 당초 예상보다 빨리 세계 최대 경제국으로 부상할 것이라고 말했다. 미국 연방정부의 국제방송인 VOA는 2030년에는 중국경제가 미국경제를 추월할 것이라고 전망했다. 개혁개방으로 고도성장을 지속해온 중국은 2008년 세계 금융위기를 계기로 미국을 추월할 기반을 마련했고, '제조2025' 등으로 중국몽을 완성할 것이라고 보는 관점이었다.

정반대의 시각도 있다. 특히 지난 몇 년 사이에 중국 부상론은 점차 잦아들고 '피크 차이나' 쪽으로 급속하게 기울고 있다. 《파이낸셜

타임스》는 중국경제가 적어도 2060년까지는 미국을 넘어서지 못할 것이라고 전망했다. 영국 씽크탱크 경제경영연구소(CEBR)는 2024년 1월 중국경제가 미국을 추월할 시점을 2038년으로 늦춰 잡았다. 2022년 보고서에서 2028년으로 잡았던 것에 비해 10년이나 늦어졌다. 골드만삭스는 2011년 보고서에서 추월시기를 2025년으로 예상했다가 2022년 말에는 2035년으로 변경했다. 2024년 1월의 보고서에서 미국 웰스파고은행은 2032년에서 2042년으로 10년 늦춰 잡았다. 일부에서는 미국을 추월하는 것은 불가능한 일이라는 전망까지 나왔다. 영국 경제분석기관 캐피탈이코노믹스와 일본경제연구센터(JCER)는 2030년대에 중국이 미국을 추월하겠지만 2050년에 다시 미국이 세계 1위로 올라설 것이라고 예측했다. 대부분 인구노령화로 인한 경제성장률 둔화와 인구감소, 기업 분야에 대한 공산당 개입과 관료주의, 첨단기술에 대한 서방의 견제를 주요 요인으로 꼽았다.

실제로 2024년 1월 말 세계은행 집계에 따르면 2023년 중국의 GDP는 미국의 65%선으로 하락했다. 2021년 75.2%까지 추격했으나 2022년 69.2%로 다시 벌어졌고, 2023년 다시 그 폭이 더욱 확대됐다. 급격한 금리인상에도 불구하고 미국경제가 탄탄한 상승세를 지속한 반면 마침내 제로코로나 정책에서 벗어난 중국경제의 회복세가 당초 예상에 미치지 못했다. 부동산 거품과 지방공기업 부실 등 취약점도 노출됐다.

미중 대결은 장기 레이스다

미국과 중국 각각의 종합적인 경제 펀더멘털이 달러와 위안화의 미래를 좌우하게 된다. 디지털 혁명 와중에 미국은 실물경제 부문에서 빅테크, 핀테크, 플랫폼 회사들로 세계시장을 압도했다. 반도체를 비롯한 최첨단기술은 안보와 국방을 내세워 동맹국들과 함께 대중국 수출을 봉쇄하고 있다. 한국, 일본, 대만과 칩4 동맹을 구축하고 인도태평양경제프레임워크(IPEF), 미국과 일본, 인도, 호주가 참여하는 안보협의체인 쿼드(Quad)를 통해 중국을 경제적으로 포위하는 전략을 펴고 있다. 미국, 영국, 호주 3개국이 회원국인 오커스(AUKUS)에 일본이 가세하려는 움직임도 있다. 미국이 지역 안보동맹체를 구성해 중국을 여러 겹으로 봉쇄하려는 전략에 일본이 핵심 파트너로서 참여해 그 속도를 높이고 있다.

이에 맞서 중국은 앞 글자를 따 BATH로 불리는 바이두, 알리바바, 텐센트, 화웨이를 중심으로 빅테크 플랫폼 세계를 독자적으로 구축하고 있다. 국가적인 지원을 쏟아부은 중국의 전기자동차 기업 비야디(BYD)는 테슬라를 제치고 세계 1위로 올라섰다. DJI의 드론도 세계시장 점유율 1위다. 인공지능, 안면인식기술, QR코드를 활용한 금융결제 등 여러 분야에서 중국은 미국을 앞서고 있다.

하지만 2023년 기준으로 인도에 세계 1위 인구대국의 지위를 내주었고 1자녀 정책으로 인구가 감소하고 급격한 노령화 문제가 부각되고 있다. 기후변화 대응은 선진국보다 중국, 인도 등 신흥국들에 더욱 큰 부담이 될 것이다. 또한 소프트파워 측면에서 미국보다 중국의 패색이 더 짙다. 한 나라의 문화를 바탕으로 정치, 사회의 다양한 측면이 종합적인 국가경쟁력을 구성한다. 사회주의적 시장경제에서 공동부유와 중화주의를 내세우고, 권위주의적 정치체제를 강화하고 있는 중국을 두고 다른 나라들이 그리 긍정적인 평가를 내리지는 않을 것이다.

위안화가 조금씩 시장을 잠식한다고 해도 기존 관행의 벽을 무너뜨리는 것은 쉽지 않은 일이다. 영국 파운드에서 미국 달러로 금융 패권 통화가 교체됐을 때도 그랬다. 실질적인 경제력 면에서 미국이 영국을 앞선 것은 브레튼우즈 협정이 체결된 1944년보다 수십 년 이상 거슬러 올라간 것으로 추정된다. 두 번의 세계대전을 거친 후에야 결정적으로 판세가 바뀐 측면도 있다. 중국이 경제력에서 미국을 앞서게 되더라도 큰 격차를 벌이고, 판세를 바꾸려면 세상을 뒤흔드는 압도적인 사건이 있어야 한다. 이 모든 것을 고려할 때 달러 패권이 무너지거나 큰 벽에 부딪치는 일은 앞으로 한 세대, 즉 30년 이내에는 일어나지 않을 일이라고 봐도 좋다.

미국 스스로에게 달린 달러의 미래

하지만 작은 구멍이 점점 커져서 둑이 흔들리는 모습은 상상할 수 있다. 달러의 지위가 한순간에 무너지지는 않겠지만 흔들릴 수는 있다. 미국의 자체적인 문제점과 모순이 격화돼 혼전 양상에 빠져들 가능성이 있다. 실제로 과도하게 풀린 달러 유동성과 정부부채가 미국의 발목을 잡을 변수다.

미국의 국가부채, 즉 연방정부부채는 2024년 3월 기준 35조 5,000억 달러에 달해 GDP의 120%를 넘어섰다. 국가부채에 대한 이자만 8,700억 달러로, 이는 사상 처음으로 미국 국방비 예산을 넘어선 수치다. 미국의회 산하 의회예산처(CBO)는 GDP에서 부채 순이자비용의 비중이 2025년에는 3.1%로 늘어나 2차 세계대전 이후 최대가 될 것이라고 추정했다. 2034년에는 더 늘어 3.9%로 최대치를 찍을 것으로 예상했다. 또한 2024년 미국의 재정적자가 1조 6,000억 원에 달하고, 2031년는 2조 달러, 2034년에는 2조 6,000억 달러까지 늘어날 것으로 추정했다.

기준금리를 대폭 올리고, 지출을 늘리거나 세금을 줄이는 등 확장적인 재정정책으로 인해 국가부채에 대한 순이자비용도 급증했다. 이는 다시 재정적자 확대의 주요인으로 꼽히며 악순환을 거듭한다. 방만한 재정운용에 따른 국가부채 증가와 재정적자 확대는 미국에 대한 신뢰도를 떨어뜨리는 요인이 되고, 달러에 대한 불신을 초래할 우려가 있다. 더욱이 보수적인 지도자들이 미국우선주의를 부추기고, 세계 진영 대결을 과도하게 격화한다면 세계 각국이 미국을 보는 시각은 점차 더 부정적으로 바뀔 것이다. 미국은 자충수를 가장 조심해야 할 시기에 접어들었다.

4

환율과 한국경제

환율이 계속 오르는 한국 외환시장

기록은 거짓말을 하지 않는다. 운동선수들이 좋은 기록을 내려고 노력하는 것도 그 때문이다. 연습 때 10초대의 기록을 세운 100미터 육상 선수가 9초대의 기록을 세운 선수보다 실전에서 더 높은 성적을 얻긴 힘들다. 구기종목도 비슷하다. 드라마 같은 역전승이라는 축구 경기에도 자세히 살펴보면 유의미한 기록이 있다. 전반전에서 한 골도 넣지 못했더라도 유효슈팅이 많거나, 팀의 공 점유율이 높거나 하는 식이다. 유효슈팅 없이 경기를 이길 수는 없는 법이다. 좋은 결과는 갑자기 나타난 것이 아니라 그간 기록을 갱신해온 결과다. 좋지 않은 기록은 불행한 현실을 만든다. 안 좋은 기록을 세웠다면 미리 대비할 필요가 있다. 경제도 마찬가지다. 좋은 기록을 세워가면 우리 경제가 성장, 발전하는 것이고 안 좋은 기록을 세워가면 경제가 나빠지는 것은 자명하다.

스포츠에도 여러 분야가 있는 것처럼 경제를 이루는 다양한 요소가 있다. 그중 가장 중요한 것 중 하나가 돈의 흐름이다. 특히 우리나라는 외화의 흐름에 큰 영향을 받는다. 달러의 흐름이 원활하지 않으면 경제는 정상적으로 굴러갈 수 없다. 원화는 한국은행이 조절할 수 있지만 외화, 특히 달러는 수많은 변수에 의해 흐름이 결정되기 때문에 우리나라 입장에서는 항상 주목해야 할 변수다. 외화의 흐름은 환율에 고스란히 반영된다.

과거 정부관료와 환율에 대해 얘기한 적이 있다. 그는 우리나라 경제가 원만하게 굴러가기 위해서는 원달러 환율 1,100원대가 가장 적정한 수준이라고 했다. 원달러 환율이 1,100원보다 낮아져 1,000원 밑으로 떨어지면 우리나라 수출경쟁력이 타격을 입는다. 원화값이 과도하게 높으면 우리나라 기업들이 해외에서 물건값을 높게 받을 수밖에 없고, 결국 수출이 줄어 우리 경제도 악영향을 받는다. 원달러 환율이 1,200원을 넘어서도 문제다. 통화가치가 떨어지는 나라에 투자하면 환율로 인해 손해를 보기 때문에 금융시장에서 외국 자본이 이탈할 가능성이 높다. 이 때문에 대체로 원달러 환율 1,200원선이, 부정적 효과가 긍정적 효과를 넘어서는 기준점이었다.

환율과 관련된 우리 경제의 중요한 기록 하나가 깨진 때가 2024년이다. 한국은행에 따르면 원달러 환율은 2023년 8월 이후 2024년 6월까지 11개월 연속 월평균 기준으로 1,300원을 웃돌았다. 미국의

3년간 원달러 환율 추이

(단위=원화)

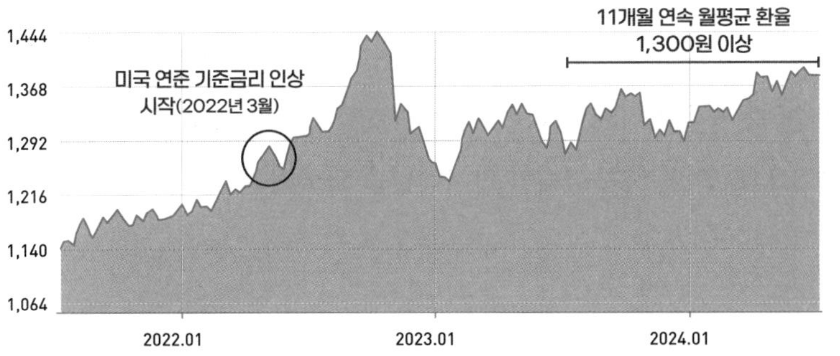

자료=신한은행고시

고금리정책으로 2022년 10월에는 원달러 환율이 1,425원까지 치솟기도 했다. 그후 미국의 금리인상이 주춤하면서 환율은 1,300원대로 떨어졌지만 여전히 고공행진을 거듭했다. 여기서 새로운 기록이 등장한다. 우리나라 월평균 환율이 연속적으로 1,300원 이상이었던 시기는 외환위기였던 1997년 12월부터 1998년 6월까지, 그리고 세계금융위기였던 2008년 10월부터 2009년 4월까지, 7개월이 가장 긴 기록이었다. 우리 경제가 큰 위기를 겪었던 두 번을 제외하고 그런 적이 없는데 지금 그 기록이 깨졌다는 건 조금 다르게 느껴질 것이다.

원달러 환율이 1,300원 이상이라는 건 우리나라 통화가치가 과도하게 떨어졌음을 의미한다. 통화가치의 완만한 하락은 해외시장에서 수출을 촉진시키는 효과가 있는 반면 급격한 하락은 그 나라의 경제력 빈곤을 의미한다. 돈의 가치가 속절없이 떨어지는 것은 그 나라의 경제력이 떨어지는 것과 같다. 경제력이 떨어지는 국가의 통화는 국제 외환시장에서 외면을 받는다. 그렇게 되면 외국인 자본이 이탈하고 이는 환율 상승을 더 부추겨 경제위기로까지 이어질 수 있다. 환율 상승, 즉 통화가치의 하락은 어느 정도까지는 경제에 도움이 되지만 선을 넘으면 한 국가경제의 펀더멘털을 약화시킨다.

과거와는 다른 경제 환경

지금 우리나라는 외환시장 역사에서 새로운 기록을 세우고 있지만, 무턱대고 겁먹을 필요는 없다. 2024년 원달러 환율이 1,300원을 훌쩍 넘었지만, 과거 기록과는 다르게 외국인들의 이탈이 본격적으로 감지되지는 않았다. 우리나라 경제구조가 과거 위기 때와 달라진 것이 주된 이유로 꼽힌다.

우선 외환시장의 안전판 역할을 하는 외환보유고가 크게 늘었다. 1997년 외환위기 때 300억 달러 수준이던 외환보유고는 2008년 금융위기 때는 2,000억 달러 수준을 넘어섰다. 2023년에는 4,200억 달러에 달했다. 외환보유고가 20여 년새 14배 이상 늘어났다. 우리나라 외환시장에서 하루 평균 달러거래량이 100억 달러 안팎인 것을 감안하면 매우 높은 수준이다. 외국 투기세력이 달러를 사고팔면서 외환시장을 교란시킬 때 우리나라 외환당국이 한번씩 달러 물량을 쏟아내 혼쭐을 내주는 경우도 종종 있다. 과거 외환당국이 점심시간 때 달러 매물을 쏟아내는 경우가 있어 이런 식의 시장개입을 '도시락폭탄'이라고 부르기도 했다.

한편 경제 규모나 시장에서의 거래량을 감안할 때 우리나라 외환보유고가 과도하다는 의견도 있다. 이 많은 돈을 외환보유고 형태로 묶어두지 말고 보다 생산적인 곳에 투자하면 많은 이익을 올릴 수도 있을 것이다. 하지만 외환위기의 트라우마가 있는 우리나라는 외환보유고라는 안전판은 많을수록 좋다는 인식을 갖고 있다. 넉넉한 규모의 외환보유고는 심리적인 안정감을 가져다준다.

우리나라 외채의 구조도 호전됐다. 외채는 외국에서 발행되는 국채, 정부보증채 등 유가증권을 말하는데 이는 외국에 채권을 팔아 돈을 빌리는 개념이다. 2024년 3월 기준으로 우리나라의 총 외채는 6,636억 달러, 이중 만기 1년 이내의 단기외채는 1,117억 달러로 총 외채에서 단기외채가 차지하는 비율이 17%에 불과하다. 1997년 외환위기 때는 이 비율이 45%가 넘었다. 단기외채 비율이 높다는 것은 그만큼 외채상환 압력이 높아 위기가 왔을 때 환율의 변동성도 커진다. 우리나라의 대외채권도 급증했다. 대외채권은 우리나라가 해외에 빌려준 돈으로 우리나라의 자산이다. 97년 1,000억 달러 수준이었던 대외채권은 2024년 3월에는 1조 875억 달러에 달한다. 대외채무보다 3,000억 달러가량 많다. 이를 감안하면 우리나라의 외화 자산·부채 규모는 과거와는 비교할 수 없을 정도로 안정됐다고 볼 수 있다.

달라진 외환보유고와 외채 구조 때문에 우리나라에 투자하는 외국인들은 환율 상승에 동요하지 않고 있다. 2024년 3월까지 외국인들이 우리나라에서 순수하게 사들인 주식과 채권 규모는 10조 원이 넘는다. 단기에 돈을 벌어 나가기보다는 중장기 수익을 염두에 둔 투자가 상대적으로 많아지고 있다. 원달러 환율이 1,300원 이상 유례없이 오래 이어지고 있음에도 불구하고, 우리나라 금융시장이 비교적 안정적인 이유다.

한국 외환시장의 위험요인

그렇다고 안심하기는 이르다. 불안요인들도 여전히 남아 있기 때문이다. 우선 미국 기준금리(연 5.5%)가 한국(연 3.5%)을 넘어섰다. 한미 금리가 역전된 상태는 2022년 9월부터 2024년 4월까지 20개월째 지속됐다. 이 상태가 오래가는 것은 시간이 갈수록 부담스러운 일이다. 한미 금리 역전은 언제든 외환시장의 혼란을 가져올 수 있는 뇌관이기 때문이다.

한미 금리 역전으로 우리나라 금융정책의 범위도 협소해졌다. 한국은행 금융통화위원회는 2023년 1월부터 2024년 7월까지 19개월 연속으로 기준금리를 동결했다. 한국은행이 기준금리를 올려 한미 금리차를 줄이면 자본 유출과 원화값 하락 등 부작용은 막을 수 있다.

한국과 미국의 금리 격차

(단위=%)

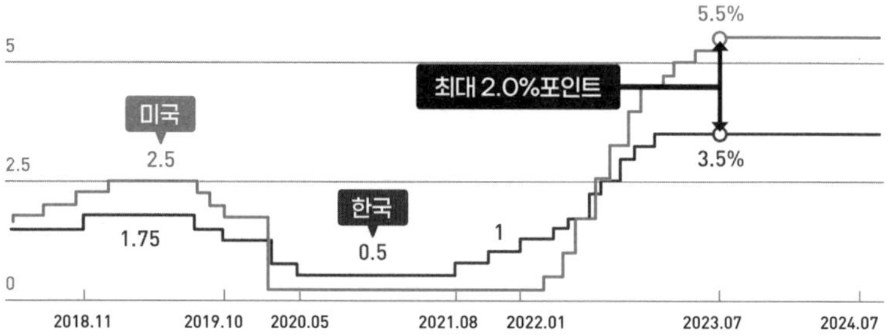

자료=한국은행, 미 연준

하지만 국내 경기를 더욱 얼어붙게 만들 수 있다는 점은 부담이다. 금리를 내리면 경기를 부양할 수는 있지만 원화값이 더욱 떨어지는 것을 감수해야 한다. 이 때문에 한국은행은 금리를 올리지도 내리지도 못했다. 경제는 어려워지고 있는데 한국은행의 통화정책은 딜레마에 빠진 것이다.

우리나라 외환시장의 구조가 개선됐기 때문에 과거처럼 국가부도 위기를 맞을 가능성은 낮다. 하지만 장기불황에 빠질 가능성은 여전히 남아 있다. 외국자본의 이탈 가능성이 높아지고, 우리나라 금융정책이 제대로 작동되지 않을 경우 과거보다 나아진 외환유동성이나 외환시장 구조로도 역부족일 수 있다. 이런 징후는 현실화되고 있다. 국제통화기금에 따르면 한국은 2012년부터 2023년까지, 코로나19 팬데믹으로 막대한 돈을 쏟아부었던 2020년을 제외한 11년 동안 실질 국내총생산(GDP)이 잠재GDP에 못 미쳤다. 잠재GDP는 한 나라의 인력과 자본 등 자원을 활용해 생산할 수 있는 최대의 생산량을 말한다.

늘 공부만 하던 수험생도 어떨 때는 자기 실력보다 좋은 점수를 받고, 어떤 때는 실력에 못 미치는 점수를 받을 수 있다. 하지만 10년 이상 평소 실력보다 못한 점수를 받으면 그 문제는 심각하다. 경제도 마찬가지다. 실질GDP는 잠재GDP를 중심으로 움직인다. 정부가 적극적으로 경기를 부양하면 잠재GDP를 능가하기도 한다. 하지만 우리나라는 지난 10여 년간 다양한 정책을 펴왔지만 잠재GDP를 넘어선 적이 없다. 인구가 줄고 생산성도 증가하지 않고, 정부의 정책도 원활하게 수행되지 않는 등 각종 문제 때문에 경제의 잠재력이 발휘되지 못하고 있다. 정부가 돈을 풀어도 실제 경기부양으로 이어지지 않고 재정 투입을 늘려도 소용없다. 10년 넘게 경제 실력이 발휘되지 않은 나라는 세계 어디서도 찾기 어렵다. 1990년대부터 장기불황에 빠져 '잃어버린 30년'을 겪었던 일본에서도 유례가 없는 일이다. 우리나라 실물경제가 단단히 고장난 채 굴러가는 시간도 길어지고 있다.

모든 경제지표가 하락을 가리켜도 지정학적 이유만으로 오른다

최근 환율과 관련해서도 유례없는 일이 벌어지고 있다. 원달러 환율은 2023년 말 1,288원에서 2024년 4월에는 1,375.4원까지 올랐다. 넉 달 새 90원가량 상승했다. 상승률로는 6.8%에 달한다. 환율 상승은 원화값의 하락을 의미한다. 같은 기간 미국 달러가치를 평가한 달러지수는 4.6% 올랐다. 달러가 오르면 원화값이 떨어지는 것은 당연하지만 달러보다 2% 이상 원화가치가 더 떨어졌다는 건 문제다. 같은 기간 브라질, 멕시코 등 개발도상국의 등락률보다도 훨씬 크다.

원화값이 떨어지는 이유는 여러 가지다. 가장 먼저 상대적으로 시장에서 원화보다 달러가 부족하기 때문이다. 하지만 금융시장과 실물경제의 지표를 파악해보면 우리나라 환율이 오를 이유는 별로 없었다. 기본적으로 환율은 국가 간 무역수지와 반비례한다. 무역수지 흑자폭이 늘어나면 환율은 떨어진다. 우리나라 물건을 팔고 해외에서 달러를 들여오기 때문이다. 우리나라 무역수지는 2023년 6월 이후 2024년 3월까지 10개월째 흑자 행진을 이어가고 있다. 실물경제 부문에서 달러 공급이 많아, 원화값을 상승시키는 요인이다. 이에 따라 환율이 떨어져야 하지만 시장에서 환율은 반대로 움직였다. 국내 금융시장 상황도 환율 하락 쪽을 가리켰다. 금융감독원에 따르면 외국인들은 2024년 들어 2월까지 우리나라 시장에서 주식을 10조 7,280억 원, 채권을 4조 2,660억 원어치를 순수하게 사들였다. 외국인 투자가 늘어나면 원달러 환율의 하락 압력으로 작용한다.

모든 지표가 하락을 가리키는데 원달러 환율이 계속 오른다. 이때는 다른 이유를 살펴야 한다. 우리나라 외환시장은 경제적인 이유와 함께 지정학적 이유에 의해서도 출렁인다.

2024년 들어 북한의 도발은 훨씬 더 노골적이고 자주 일어났다.

2024년 4월까지만 해도 북한은 10차례가 넘는 미사일 도발을 감행했다. 북한의 미사일 도발은 동북아 지역의 지정학적 위험을 크게 높이는 행동으로, 이를 통해 북한은 존재감을 과시한다. 북한이 미사일을 발사할 때마다 한국과 미국은 협의를 갖고 공조 방안을 논의하지만, 북한은 꿈쩍도 하지 않는다. 오히려 북한, 중국, 러시아와 한국, 미국, 일본 간에 대립 빈도는 훨씬 더 잦아지고 있다. 한미일과 북중러의 대립 구도 역시 한반도의 긴장감을 높이는 이유다.

동북아 외에도 세계 각국에서 전쟁이 발발하면 한국의 리스크는 커진다. 우리나라 경제는 수출의존도가 높고, 원유의 100%를 해외수입에 의존하고 있기 때문이다. 우크라이나 전쟁 때는 곡물 가격이 급등하고 세계 공급망이 타격을 입어 우리 경제에도 악영향을 미쳤다. 중동 지역에서의 전쟁은 국제원유가를 급등시키는 요인으로 작용해 우리 경제에 치명타를 입힌다. 2024년 대만 정부가 새로 출범해 중국과 대립각을 세우는 것도 한국에는 위험요인이다. 중국과 대만 간 분쟁이 발생하면 한반도에서도 국지전 이상의 분쟁이 발생할 가능성이 제기되고 있다. 지정학적 위험은 외환시장의 불안으로 나타나고 이는 한국경제를 옥죄는 요인으로 작용한다. 외환시장을 경제적인 시선으로만 봐서는 안 되는 게 우리의 현실이다.

한국경제가 세계 10위권에 접어들고 국제사회에서 영향력도 커지면서 원화의 국제화를 하루 속히 이뤄야 한다는 목소리가 높다. 원화의 국제화란 우리나라 원화도 달러화나 엔화처럼 세계 각국에서 무역과 금융거래의 기준으로 통용되는 것을 말한다. 원화 국제화가 이뤄진다면 해외여행을 갈 때 환전할 필요 없이 원화로 물건을 사고, 수출과 수입을 할 때 원화로 결제할 수 있다. 하지만 실현가능성은 요원하다. 국제통화기금(IMF)에 따르면 우리나라의 국내총생산(GDP)은 세계 13위다. 우리나라보다 앞에 있는 나라는 미국, 중국, 독일, 일본, 영국 등으로, 이들 나라의 통화는 우리나라보다 국제적으로 통용되는 빈도수가 훨씬 높다. 또한 우리나라 무역에서 미국과 중국이 차지하는 비중이 40%에 달할 정도로 무역구조가 편향적이다. 안팎으로 볼 때 원화에 대한 국제적인 수요는 다른 나라에 비해 한참 못미친다. 여기에 지정학적 위험까지 감안하면 원화의 국제화 단계는 아직은 미미한 수준이다.

수출만이 살 길?
환율 덕에 가능했다

외세에 의해 마냥 휘청이는 것 같지만, 그 와중에 사실 우리 경제는 최선을 다해왔다. 현대 경제로 편입돼 한 국가로서 자리잡은 것도, 다른 나라에 비해 그리 오래되지 않았다. 우리나라는 해방을 맞으며 주권 국가가 됐다. 1945년 8월 해방 이후, 미국 군정 당시 1달러당 원화는 15원이었다. 지금 환율의 100분의 1 수준으로, 당시 우리나라는 미국의 원조에 의존하던 국가여서 달러와 원화가 시장에서 정상적으로 교환되지 않았다.

1950년 한국전쟁이 발발하고 이후 폐허가 된 나라에서 국가 재건 사업이 이뤄졌다. 경제개발이 본격화되던 1960년대 우리나라는 고정환율제를 시행했고, 원달러 환율은 250원에서 300원 사이를 오르내렸다. 경제개발 초기 우리나라는 만성적인 달러 부족 국가였다. 특별한 기술도 없었고 자원도 풍부하지 않았다. 경제가 발전하기 위해서는 해외에서 필요한 물건을 사들여와야 한다. 그러기 위해서는 달러가 필요한데 달러를 구할 수 있는 방법은 원조와 수출뿐이었다. 이런 분위기 속에서 우리나라는 수출에 올인하는 정책을 폈다.

1962년에 '수출진흥법'이 만들어졌다. 이 법을 통해 원재료를 수입할 때는 외환을 우선 할당하고 수출 실적이 없는 기업은 수입을 금하는 등 강도 높은 조치를 펼쳤다. 1963년에는 수출로 벌어들인 외환을 수입에 사용하는 것을 허용하는 수출입링크 제도도 실시했다. 이 같은 수출진흥책과 함께 원달러 환율도 올랐다. 1964년 연평균 255원이던 원달러 환율은 1971년에는 347원까지 올랐다. 환율이 7년 만에 36.1%나 오른 셈이다. 거꾸로 말하면 이 기간 중 우리나라 수출품의 해외 가격은 30% 이상 떨어졌다는 얘기다. 수출촉진책과 환율 상승으로 우리나라 수출도 빠르게 늘었다. 1964년 수출액은 1억 2,000만 달러 정도에 불과했으나 1971년에는 처음으로 10억 달러를 넘어섰다.

1970년대 이후에도 수출진흥책은 이어졌고 원달러 환율은 계속 올랐다. 1979년에는 원달러 환율이 연평균 484원을 기록했고 1980년에는 607원까지 치솟았다. 우리나라 수출액은 1977년 100억 달러를 넘어섰다. 수입 증가 속도는 더 빨랐다. 그 결과 1960년대와 70년대 우리나라는 만성적인 무역수지 적자 국가였는데, 이는 실물경제에서 유입되는 달러보다 유출되는 달러가 더 많다는 얘기다. 무역수지가 적자면 원화가치는 하락하고 환율을 더 올리는 요인으로 작용한다. 한마디로 1960~70년대는 정부의 고환율정책에 무역수지 적자까지 맞물리면서 환율은 고공행진을 거듭하던 시기였다.

1986년 사실상 처음으로 우리나라 무역수지가 흑자로 돌아섰다. 이때는 미국의 금리가 낮아져 국제적으로 저금리 환경이 조성됐고, 아울러 국제유가도 안정됐다. 또한 미국이 일본의 엔화를 대폭 평가절상하는 '플라자합의'가 이뤄진 직후여서 원화값은 상대적으로 저평가됐고 일본 엔화와 비교한 환율은 큰 폭으로 올랐다. 이는 우리나라 수출품의 가격경쟁력을 높이는 결과를 가져왔고 이로 인해 우리나라는 사실상 경제개발 이후 처음으로 무역수지 흑자를 기록할 수 있었다. 1986년 우리나라 무역수지 흑자 규모는 31억 달러를 넘어섰다. 저유가, 저금리, 저달러의 3저 호황은 1989년까지 지속됐고 우리나라도 4년 연속 무역수지 흑자를 기록했다. 무역수지 흑자가 지속되면서 원달러 환율은 하락세를 보였다. 1986년 원달러 환율은 평균 881원을 기록했지만 1989년에는 671원까지 떨어졌다.

1990년대 중반까지 우리나라의 환율은 대부분 정부가 통제해왔다. 목적은 그때그때 달랐다. 1960년대 우리나라가 후진국이었을 때는 달러가 절실했다. 달러를 확보하기 위해 원화값이 저평가되고 환율이 오르는 것을 정부가 적극적으로 유도했다. 이를 통해 수출을 늘렸고 수출을 통해 필요한 물건을 사오면서 경제를 발전시켰다.

그때까지 사실상 정부가 환율을 고시하는 제도였다면 1990년 3월

2일에는 시장평균환율제도로 전환하면서, 우리 외환시장에서도 수요와 공급의 원리가 작동하게 됐다. 원달러 환율은 매일 등락을 거듭했다. 하지만 이때도 정부는 일일 환율변동 허용범위를 제한해 환율이 큰 폭으로 움직이지 않도록 조절하면서 외환시장을 운용했다.

환율이 오른다는 것은 원화값이 떨어지는 것이다. 한 국가의 통화가치가 떨어진다는 것은 일반적으로 그 나라 경제가 쇠락한다는 것을 의미한다. 하지만 우리나라의 경우는 경제의 발전이 환율에 미치는 효과보다 환율이 경제발전에 미치는 반대의 효과가 훨씬 더 컸다. 이 때문에 '원화가치 하락 → 환율 상승 → 수출 증가 → 경제발전'의 연결고리가 뚜렷하게 형성됐다. 1960년대 우리나라 1인당 국민소득은 100달러에 불과했다. 이런 나라에 다른 나라들이 관심을 기울일 리가 없다. 우리나라가 환율을 계속 올려도 세계 각국은 별다른 신경을 쓰지 않았다. 국가의 외환시장 개입과 이에 따른 고환율 분위기가 형성된 것도 경제발전 단계가 낮았기에 가능한 일이었다.

국민소득 1만 달러 시대의 리스크

1986년부터 시작된 3저 호황이 종료되자 1990년부터 우리나라는 또 다시 무역적자를 기록하기 시작했다. 무역적자 규모는 1990년대 후반으로 갈수록 커져 1996년에는 무역수지 적자 규모가 200억 달러를 넘었다. 무역수지 적자가 지속되면 원달러 환율을 올려 수출 가격경쟁력을 높이는 것이 일반적인 정책이지만 이때 한국정부는 저환

원달러 환율 추이

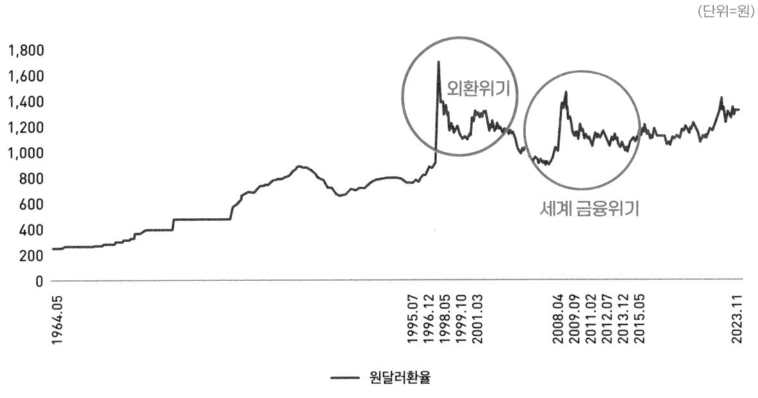

자료=한국은행

* 월평균 환율 기준

율을 고집했다. 저환율로 원화값이 고평가되면 달러로 환산한 우리나라 국민소득이 늘어나는 효과가 있기 때문이다. 이런 이유 때문에 1990년대 원달러 환율은 700~800원대에서 머물렀다. 아울러 우리나라 1인당 국민소득은 1994년에 1만 달러를 넘어섰다.

국민소득 1만 달러를 넘어서는 시점을 전후로 상황이 조금씩 달라졌다. 외국에서 한국을 더 이상 후진국으로 보지 않았다. 특히 1986년 이후 전개된 3저 호황 국면에서 우리나라 수출이 비약적으로 늘어나자 미국은 1988년 우리나라를 환율조작국으로 지정하기도 했다. 환율을 조작해 수출을 늘려 미국 시장을 잠식하는 것을 좌시하지 않겠다는 일종의 경고였다.

우리나라 국민소득이 1만 달러를 넘어선 다음 해인 1995년 우리나라 수출액은 1,000억 달러를 넘어섰다. 명실상부 중진국 대열에 올라선 것이다. 외국의 견제는 한층 더 심해졌다. 한국정부의 외환시장 개입에 대해 현미경을 켜고 보기 시작했다. 이 때문에 종전과는 다르게 막대한 무역적자를 기록하면서도 환율을 통해 수출을 늘리지 못했다. 이런 국가 간 경쟁과 우리나라 무역수지 부진은 1997년에 터질 초대형 사건을 예고하고 있었다.

외환관리에 실패했을 때 한국경제에 벌어지는 일

축구경기에서 이기는 방법은 무엇일까? 단순하다. 골을 많이 넣으면 된다. 그럼 지지 않는 법은 무엇일까? 이에 대한 답 역시 단순하다. 골을 먹지 않으면 된다. 우리나라가 낳은 세계적인 축구스타 중에서 손흥민은 경기에서 이기기 위해 필요한 선수다. 반면 수비수인 김민재는 경기를 지지 않기 위해 필요한 선수다. 이 전략을 경제전쟁에 가져올 수 있을까. 생산성을 높이고, 수출을 많이 하는 등 경제전쟁에서 이기는 방법은 여러 가지다. 반면 경제전쟁에서 지지 않는 방법은 뭘까. 이건 한마디로 답할 수 있다. 환율을 지키면 된다. 환율을 지킨다고 경제전쟁에서 이길 수는 없지만 환율을 지키지 못하면 패배는 확실하다. 우리나라의 과거 사례가 이를 극명하게 보여준다.

1996년은 우리 경제에서 특별한 의미가 있는 해다. 세계의 경제 환경부터 우리에게 우호적이지 않았다. 미국은 1994년 2월부터 기준금리를 올리는 긴축모드에 들어갔다. 연 3%였던 미국의 기준금리는 1995년 6월에는 연 6%로 2배 올랐다. 미국이 금리를 올리면 전 세계 각국에 있던 달러를 빨아들인다. 이 과정에서 신흥국들의 외환시장이 불안해진다. 당시 우리나라는 무역수지 적자를 기록하고 있었다. 1990년대 초반 40억 달러대였던 무역수지 적자는 1995년에는 100억 달러를 넘었다. 무역수지 적자가 심해지면 달러 유입이 줄어든다. 환율은 올라가고 원화가치는 떨어지는 것이 자연스러운 현상이다. 하지만 이때 정부는 국민소득 기록을 위해 환율 상승을 막았다. 이에 따라 무역수지 적자 규모는 1996년 들어 200억 달러로 급증했다.

세계 고금리에 무역수지 적자까지 심해지면 우리나라 경제는 타격을 받는다. 1994년과 95년에 연 9%가 넘는 실질성장률이 1995년에는 7.9%, 96년에는 6.2%로 성장률이 떨어지는 걸 지켜봐야 했다. 절대적인 수치로는 낮은 성장률은 아니었지만 하락 속도가 문제였다. 잘나가던 경제가 갑자기 하락하기 시작하면 이상 반응을 보이는 것이 외환시장이다. 실제로 국내 금융 환경은 급속도로 나빠지고 있었다.

당시 정부는 국내 금융시장 활성화를 위해 '종합금융사'라는 곳을 대규모로 인가했다. 종합금융사는 은행처럼 많은 인력이 없어도 고객들의 돈을 받을 수 있고, 각종 대출도 할 수 있었다. 여기에 외화 차입과 대출까지도 허용해 '금융 백화점'으로 불렸다. 종금사의 영업 방식 중에서 짭짤한 수익을 올렸던 것이 해외에서 단기로 자금을 조달해 국내기업들에게 장기로 대출해주는 것이었다. 당시 장기금리는 단기금리보다 훨씬 높았다. 해외에서 단기로 돈을 빌려와 국내기업들에게 장기로 빌려주고 그 금리차를 종금사가 취득하는 방식으로 영업을 했다. 1990년대 초반까지 6개의 종금사가 영업을 하고 있었으나 1994년에 9개, 1996년에는 15개가 새로 인가를 받으면서 종금사의 숫자는 30개로 급증했다.

종금사 인가가 단기간에 폭증하면서 업체 간 경쟁이 심해졌다. 근본적으로 종금사의 영업 방식은 호시절에나 가능한 일이라는 한계가 있었다. 실제 우리나라 경제가 어려워지자 우리나라 종금사에 달러를 빌려준 외국금융사들이 자금회수를 요구했다. 대출만기가 비슷했다면 종금사들은 국내에서 대출을 회수해 이 자금을 갚을 수 있었을 것이다. 하지만 국내기업들은 고금리를 주고 장기로 돈을 빌렸기 때문에 종금사에 대출금을 갚을 의무가 없었다. 종금사만 중간에 끼여서 해외금융사로부터 대출금 상환 압박에 시달리게 된 것이다. 이런 사정을 알게 된 외국 금융사들은 경쟁적으로 대출금 회수 요청을 했고, 이를 견디지 못한 종금사들은 두 손 두 발 다 드는 상황이 벌어졌다.

상황이 어려워진 종금사들은 자금을 빌려준 기업들로부터 적극적으로 대출을 회수하기 시작했다. 기업들은 성장률 둔화, 무역수지 적자에 이어 금융회사로부터의 대출회수라는 삼중고를 겪게 된다. 특히 당시 기업들은 대출을 최대한 받아 기업자금으로 활용하는 데 익숙해진 상태라 그 충격이 더 컸다. 1997년 1월 한보철강을 시작으로 삼미그룹, 진로그룹, 삼립식품, 대농그룹, 한신공영그룹, 기아그룹 등

유수한 기업들이 줄줄이 무너지기 시작했다. 기업이 무너지면 이 기업에 돈을 빌려줬던 금융회사들이 부실화되고 이는 다시 기업에 대한 자금회수로 이어져 연쇄 도산을 가져온다. 우리 경제는 본격적으로 악순환에 접어든 것이었다.

환율 사수의 벽이 무너지다

실물경제와 금융환경이 악화되고 있는 가운데 우리나라를 외환위기로 몰고갔던 결정적인 사건이 발생한다. 바로 태국의 바트화 폭락이다. 1990년대 초반 태국은 고정환율제를 채택하고 있었다. 하지만 외국자본이 유입되면서 경제에 거품이 형성됐고 실물경제도 악화됐다. 이를 눈치챈 외국인들이 태국에서 돈을 빼기 시작했다.

시장에서 태국 돈에 대한 수요가 줄고 외국 돈에 대한 수요가 늘어 태국통화의 가치는 하락하는 것이 일반적인 수순이었지만 태국은 고정환율제도를 유지하고 있었다. 태국정부는 막대한 외환보유고를 활용해 환율을 안정시키려 했지만 역부족이었다. 태국정부의 정책은 환율을 방어하지도 못했고 외환보유고만 소진시켰다. 1997년 7월 결국 태국은 변동환율제로 전환되고 태국 바트화의 가치는 폭락했다. 태국경제는 무너졌고 국제통화기금으로부터 구제금융을 받는 신세로 전락했다. 태국 경제위기와 비슷한 방식으로 말레이시아, 인도네시아, 필리핀 등에도 위기가 전이됐다. 한국도 예외는 아니었다.

동남아시아에서 불어닥친 외환위기의 징후가 있던 차에 우리나라에서는 환투기 세력에 농락 당하는 사건도 벌어졌다. JP모건이라는 미국 금융사는 고정환율제 아래에서 태국 바트화에 10억 달러 이상을 투자하고 있었다. 고정환율제가 계속 유지된다면 환율변동에 따른 위험은 없었다. 하지만 JP모건은 태국의 경제와 외환수급 상황을 볼 때 고정환율제도를 계속 유지하기 어려울 것으로 예상했다. 태국이 고정환율제를 포기한다면 태국 화폐가치는 급속도로 떨어지고 태국 바트화에 투자했던 JP모건은 큰 손실을 입을 터였다. 당시 그들은 총수익스와프(TRS, Total Return Swap)이라는 파생상품을 만들어 SK증권 등 한국 금융회사에게 판매했다. TRS란 기초자산으로 인해 발생하는 수익과 손실을 인수자에게 판매하는 방식으로 구성된 파생상품이다. 바트화 TRS의 경우 바트화는 JP모건이 소유하더라도 바트화 가치 변동에 따른 수익과 손실은 SK증권에 귀속된다.

당시 한국 금융회사들은 태국 바트화가 폭락할 것이라고 예상하지 못했다. 하지만 태국이 결국 고정환율제를 포기하고 변동환율제로 바꾸면서 바트화는 폭락했고 이로 인한 막대한 손실을 한국 금융회사가 떠안게 됐다. TRS손실을 떠안은 한국 금융회사들이 휘청거리자 금융시장과 외환시장은 요동쳤다. 가뜩이나 경제의 기초체력이 바닥난 상태에서 금융, 외환 시장까지 불안해지자 우리나라 환율은 급등했다. 1997년 1월 849원이었던 원달러 환율은 같은 해 9월에는 900원을 넘어섰고 11월에는 1,000원을 돌파했다.

우리나라 정부는 갖고 있던 외환보유고를 털어 시장을 안정시키려 했다. 1996년 327억 달러 규모였던 연평균 외환보유액은 97년 들어

빠른 속도로 줄며, 급속히 소진됐다. 외채 상환과 환율시장 안정에 모든 외환이 동원됐음에도 불구하고, 시간이 갈수록 외채상환 요구는 거세지고 환율은 가파르게 올랐다. 1997년 12월 들어서는 환율 상승 속도가 훨씬 빨라져 23일에는 원달러 환율 종가가 1,962원까지 올랐다. 불과 1년도 안돼 환율이 2배 이상 뛰어오르는 상황에서 정부는 버틸 힘이 없었다. 당시 외환보유고도 수십 억 달러밖에 남지 않았다. 결국 우리 정부는 1997년 12월 24일 IMF에 구제금융을 신청했다. 신청 다음 날인 1997년 12월 25일 IMF는 우리나라에 대한 구제금융을 결정했고, 이후 우리나라 경제는 IMF관리체제에 들어갔다. 사실상 국가부도 사태였다.

역사에서 가정(if)은 별 의미가 없다. 하지만 당시 우리나라 무역수지가 안정됐거나 경제성장이 탄탄하게 진행됐거나 또는 미국의 고금리정책이 아니었다면 어땠을까. 종금사가 급속도로 외화차입을 늘리지만 않았어도, 대기업들이 방만한 부채경영만 하지 않았어도, 또 태국 바트화 사태가 우리나라까지 번지지만 않았어도 IMF구제금융을 피할 수 있지 않았을까. 특히 1997년은 대통령 선거가 있는 해였다. 연초부터 경제위기를 염려하는 목소리가 일각에서 제기됐지만 그때마다 정부는 '우리 경제는 튼튼하다'며 위기론을 일축했다. 조금만 일찍 솔직하게 위기를 인정하고 대책을 마련했어도 또 다른 결과가 나왔을 것이다. 하지만 모든 것이 안 좋은 쪽으로 흘렀고 이런 요인들이 복합적으로 작용해 외환위기를 맞은 게 우리나라의 현실이다.

이 역사에서 명심해야 할 것은 환율이다. 우리 경제에 악재가 겹치고 또 겹칠 때 마지막까지 버텨주는 것이 환율이다. 다시 말하면 환율이 무너지면 경제가 무너진다. 외환위기는 우리나라 경제에서 환율이 얼마나 중요한 변수인지를 보여주는 하나의 사례다. IMF관리체제에서 우리 경제는 외환과 관련된 각종 규제를 대거 풀었고 IMF로부터 빌린 빚을 갚기 위해 대규모 구조조정을 단행했다. 아울러 금리도 연 20%까지 올리면서 고금리 체제를 한동안 유지했다. IMF 구조조정의 대가는 컸다. 재계 순위 30대 기업이었던 대우, 쌍용, 동아 등 11개 기업이 문을 닫았고, 1998년 우리나라 경제성장률은 -5.1%를 기록했다.

당시 국민들은 외화를 조달하기 위해 집에 있는 금붙이를 국가에 기증했고 국가는 금을 팔아 달러를 가져왔다. 살아남은 기업들은 원달러 환율이 급등하면서 수출경쟁력이 살아나자 기를 쓰고 수출을 늘렸다. 이런 노력이 모여 2,000원에 육박했던 원달러 환율은 1998년 말에는 1,200원까지 떨어져 우리 경제에 숨통을 틔웠다. 이후 우리나라는 2001년 8월 23일 당초 예정보다 3년 빠르게 IMF구제금융으로 빌린 돈을 모두 갚고 IMF관리체제에서 벗어났다.

세계 환율전쟁은 '오징어게임'

평상시 우리나라는 수출경쟁력을 확보하기 위해 환율을 적정 수준으로 유지하는 정책을 펴고 외환시장을 안정시킨다. 하지만 위기상황이 닥치면 이러한 노력은 금방 물거품이 된다. 세계 각국이 자국 통화 가치의 안정을 위해 폭탄돌리기 게임 같은 판에 들어서기 때문이다. 이 과정에서 제대로 대응을 하지 못한 나라는 IMF구제금융을 받거나 국가부도 사태까지 겪는다. 그런 피해를 운 좋게 빗겨나더라도 경제가 큰 충격을 받는 것을 피할 수는 없다. 외환시장에서 벌어지는 행태는 마치 넷플릭스 드라마 시리즈 〈오징어게임〉을 연상시킨다.

한국이 직면하는 통화전쟁의 게임의 룰은 이렇다. 미국을 비롯한 세계 경제가 충격을 받으면 국제 금융시장에서 달러의 흐름에 변화가 생긴다. 미국 입장에서는 달러를 찍어내거나 회수함으로써 문제를 해결한다. 한마디로 외환시장으로부터 받는 충격은 그다지 없는 셈이다. 반면 미국을 제외한 나라들은 자국에 있는 달러를 단속하기 바쁘다. 달러가 빠져나가지 않도록 금리를 올리고 외환시장에 개입해 환율을 안정시키려고 노력한다.

이때 국가경제의 기본과 외환시장에서의 환율 사이에 괴리가 생기고, 세계 곳곳에서 활약하는 투기세력이 이 틈을 노린다. 예를 들면 특정 통화가치가 실물경제보다 과도하게 고평가됐다고 생각하면 계속 그 통화를 사들여 통화가치의 거품을 만든 후 거품이 꺼지기 직전에 일거에 팔고 나간다. 또한 그들은 한 나라를 공격했다가 재미를 보지 못할 것 같으면 다른 나라로 이동한다. 여러 국가들을 찔러보다 약한 고리가 발견되면 물어뜯는다. 외환시장에서 그들에게 대항하는 법은 위기상황에 처하더라도 포기하지 않고 버티는 것이다. 그들이 재미를 보지 못할 것 같다고 판단할 때까지, 일단 살아남아야 한다.

1997년 외환위기 이후 한국경제는 2008년 세계 금융위기로 인해 또 한 번의 통화전쟁에 휩쓸렸다. 이때의 위기는 미국에서 시작됐다. 미국은행들이 주택담보대출을 대폭 늘려 집값을 띄우고, 이는 다시 대출을 늘려 시장에 거품을 만들었다. 거품은 언젠가는 터지기 마련이다. 그 거품이 터져 주택값이 급락하자, 이 충격은 미국 금융회사에 영향을 끼쳤다. 미국 금융회사는 유동성 확보를 위해 대출을 적극적으로 회수했고, 시장에 돈이 모자라는 '신용경색'이 극심하게 발생한 것이 이 위기의 본질이었다. 미국정부는 이를 극복하기 위해 기준금리를 0% 수준으로 낮추고 시중에 막대한 규모의 돈을 풀었다.

2008년 세계 금융위기는 미국 내부의 문제로 촉발된 현상이었지만 이 충격은 전 세계로 번졌다. 그 과정은 이렇다. 미국 달러는 세계 곳곳에 퍼져있다. 기축통화인 달러를 많이 보유해야 많은 나라들이 자국 외환시장의 불안을 막을 수 있기 때문이다. 이런 상황에서 미국에 돈이 극심하게 모자라는 현상이 발생하면 어떻게 될까. 미국정부는 돈을 풀 수도 있지만 세계 각국에 있는 돈을 가져와 문제를 해결하려는 마음도 동시에 품는다. 2008년 세계 금융위기 때 이런 행태가 나타났다. 세계 어느 나라에 있는 달러가 미국으로 회귀하느냐에 따라 해당 국가는 큰 충격을 겪었다. 한국도 예외는 아니었다.

한국은행에 따르면 2008년 9월부터 12월까지 우리나라에서 462억 달러가 유출된 것으로 집계된다. 급격한 외화유출은 환율 급등으로 이어졌다. 2008년 8월 말 1,090원 선이었던 원달러 환율은 같은 해 10월에는 1,467원까지 치솟았다. 두 달 만에 환율이 400원 넘게 오르면서 우리나라 외환관리에도 비상이 걸렸다. 당시 영국을 비롯한 해외 언론은 한국에 외환위기가 재발할 가능성이 높다고 연일 보도했다. 하지만 2008년 당시 우리나라 경제에는 특별한 문제가 없었다. 2007년 우리 경제는 무역수지도 150억 달러 정도의 흑자를 기록하고 있었고 외환보유고도 2,600억 달러가 넘었다. 경제성장률도 5.8%로 양호한 수준이었다. 기업들의 부채가 늘고 무역수지 적자가 가중됐던 1997년 외환위기 때와는 전혀 달랐다.

하지만 외환위기 가능성이 짙은 국가로 지목되자 상황은 급변했다. 환율이 먼저 급등했고 우리 경제는 크게 위축됐다. 2008년 우리나라 무역수지는 130억 달러가 넘는 적자를 기록했고 성장률도 하락했다. 주식시장에서 코스피(KOSPI)지수는 2007년 2,000포인트가 넘었지만 2008년 10월에는 900대로 절반 이상 떨어졌다. 경제의 기본인 생산, 소비, 수출에 문제가 없다고 해도 외화가 빠져나가 외환시장이 흔들리고 환율이 급변동하면 우리 경제는 큰 타격을 입는다는 것을 2008년 세계 금융위기가 알려줬다.

2008년 10월 한국과 미국 간 체결한 300억 달러 규모의 한미통화스왑 협정은 우리 외환시장에 중요한 사건이었다. 통화스왑이란 한국과 미국이 필요할 때 자국 통화와 상대국의 통화를 맞바꿀 수 있는 협정이다. 한국 입장에서는 300억 달러까지 빌릴 수 있는 마이너스 통장이 생긴 셈이다. 통화스왑 협정이 발표된 10월 30일에 원달러 환율은 1,427원에서 1,250원으로 177원이나 떨어졌다. 환율이 하루 만에 100원 이상 등락한 기록은 1997년 외환위기 이후 처음 있는 일이었다. 한미 간 통화스왑협정은 우리나라가 필요할 때 달러를 확보할 수 있다는 것을 세계에 알린 것이어서 심리적 안정을 가져왔다.

하지만 이후에도 투기세력은 기승을 부렸고 원달러 환율은 2009년 3월까지 롤러코스터를 탔다. 한국은 미국뿐만 아니라 중국, 일본과도 스왑협정을 체결하며 외환시장 안정을 위해 노력했다. 2009년 4월이 돼서야 우리나라 외환시장은 안정세를 보였다. 2008년 10월부터 2009년 3월까지 5~6개월 동안 우리나라 외환시장은 상당히 불안정하게 움직였고, 제2의 외환위기가 올까 봐 불안에 떨어야 했다.

세계 각국에 내려진 달러 귀환 명령

한국은 벗어났지만 멕시코, 코스타리카, 과테말라 등 남미국가와 아이슬란드, 헝가리, 루마니아 등 유럽국가들은 세계 금융위기 충격을 버티지 못하고 IMF에 구제금융을 요청하는 처지로 전락했다. 세계 금융위기 충격이 미국을 제외한 어떤 나라든 강타할 수 있음을 보여주는 사례다. 냉정한 현실이지만 이들 국가도 나름대로의 방법으로 금융위기 충격을 막았다면 피해는 다른 나라로 옮아갔을 것이다. 우리나라가 외환시장을 지켜내서 그들 나라로 충격이 옮아갔을 수 있고, 반대로 그들이 버텼다면 우리가 그 충격을 고스란히 받았을지도 모른다.

코로나19 팬데믹 때도 세계 외환시장은 요동쳤다. 세계 금융위기 이후 10여 년이 흘렀지만 시장의 움직임은 그때와 거의 유사했다. 이번에도 그 충격은 미국에서 시작됐다. 미국은 코로나19 팬데믹을 극복하기 위해 무수히 많은 돈을 풀었다. 이렇게 풀린 돈의 영향으로 미국물가가 급등하자 2022년부터 미국은 금리를 올리기 시작했다. 미국의 기준금리는 2022년 2월 0.25%에서 2023년 8월에는 5.5%로 1년 반 만에 5.25%포인트 올랐다. 특히 한번에 0.75%포인트나 올리는, 이른바 '자이언트스텝'을 여러 차례 반복했다.

미국의 금리인상은 세계 각지에 퍼져 있는 달러에 귀환 명령을 내리는 것과 다름없다. 세계 각국 외환시장은 요동쳤다. 미국이 감독이자 주연인 국제 금융시장에서의 '오징어게임'이 또 한 차례 벌어졌다. 파키스탄, 스리랑카 등이 미국의 긴축 충격을 견디지 못해 국가 부도를 선언하며 나가떨어졌다. 남미의 아르헨티나는 기준금리를 133%

까지 올렸다. 유럽의 튀르키예도 금리를 50%까지 올려 달러 유출을 막았다. 이 정도까지는 아니더라도 우리나라도 기준금리를 연 3.5%까지 인상했다. 전 세계 모든 나라들이 국가 최후의 보루인 외환시장을 방어하기 위해 금리를 올렸다.

코로나19 팬데믹으로 인한 위기 때 한국의 경제 상황은 1997년 외환위기나 2008년 금융위기 때보다는 안정적이었다. 외환보유고는 2023년 말 기준으로 4,200억 달러가 넘어 달러 유동성도 과거에 비해 훨씬 풍부한 상황이다.

하지만 불안요인도 있다. 먼저 무역수지다. 우리나라 무역수지는 2008년 132억 달러의 적자를 기록한 이후 2009년부터 2021년까지는 계속 흑자를 이어왔다. 그러다 2022년 478억, 2023년에는 103억 달러의 적자를 기록했다. 그러면서 우리나라 환율은 1,400원까지 올랐다. 2022년과 23년에는 우리 외환시장에 조기경보가 울린 셈이다. 다행히 2024년 들어서는 다시 흑자로 전환돼 무역에서는 한숨 돌렸지만, 이 기조를 계속 이어나가야 안심할 수 있다.

국가재정도 불안요인이다. 우리나라의 국가신용도를 결정하는 중요한 요소 중 하나가 국가재정 상태다. 우리나라 재정수지는 2019년 이후 계속 적자를 기록하고 있다. 그러다 보니 국가부채도 늘고 있다. 이는 국가재정 상태를 악화시키고 우리나라의 신용도를 깎아내리는 요인이다. 신용부도스와프(CDS)프리미엄의 변화를 간접적인 증거로 볼 수 있다. CDS프리미엄이란 채권을 발행한 기업이나 국가가 채무불이행 상태에 빠질 경우 일정 프리미엄을 주고 원금을 돌려받을 수 있도록 만들어진 파생상품이다. 예를 들어 우리나라가 채무불이행 상태에 빠지면 우리나라가 발행한 국채를 갖고 있는 사람이 제3의 금융회사로부터 프리미엄을 주고 CDS를 인수하게 된다. 이 경우 우리나라 국채를 갖고 있는 기관은 우리나라가 국가부도사태에 빠질 때 투자원금을 회수할 수 있다. CDS프리미엄이 높다는 것은 그만큼 시장에서 우리나라가 채무불이행 상태에 빠질 가능성이 크다는 것을 반영한다. 우리나라의 CDS프리미엄은 2021년 9월에는 0.1%대였다가 2022년 10월에는 0.7%를 넘어섰다. 다행히 2024년에는 0.3%대로 떨어졌지만, 그만큼 세계시장에서 우리나라를 예의주시한다는 의미다. 2008년 생산, 소비, 수출 등 우리나라 경제에 아무 문제가 없었지만 외화가 빠져나갈 가능성만으로도 우리 경제가 타격을 입었음을 상기하면, 그냥 넘겨버릴 현실은 아니다.

세계 금융시장에 충격이 왔을 때 가장 중요한 건 우선 살아남는 것이다. 충격은 받았을지언정 살아남으면 그 충격은 다른 나라로 옮아간다. 거기서 생존이 결정되는 과정은 단순하다. 충격으로 인해 경제 기초체력에 문제가 생기면 하이에나 같은 환투기 세력이 가세한다. 환투기 세력이 이익을 볼 때까지, 즉 어느 한 나라가 두 손 두 발 들고 항복을 선언하면 그 판은 끝난다. 과거에는 모두가 다치고, 누군가는 죽고, 누구를 위한 것인지 의아할 때쯤에야 하이에나가 보였지만, 이제 모두가 안다. 그들이 물어뜯기 시작하면 미국을 제외한 어느 국가도 안심할 수 없다는 것, '외환시장 오징어게임'의 본질이다.

5

달러 패권에 대한 도전과 한계

중국 위안화, 달러 패권에 도전하다

환율은 기본적으로 한 나라의 경제 기초체력을 반영하지만 세계시장에서 얼마나 통용되는지에 따라 달라진다. 세계시장에서 기반을 탄탄하게 구축하고 있다면 그 나라의 환율은 변동성이 낮고 여러 나라에서 널리 수용될 수 있는 안전통화, 준기축통화에 진입하게 된다. 중국은 실물경제 분야에서 미국을 추격해 거의 따라잡았으나 금융분야에서는 한계를 절감하고 있다. 중국 공산당과 리더들은 세계에서 달러 패권이 얼마나 강력한지, 중국의 경제력이 커질수록 중국과 위안화에 대한 견제도 강해지고 있음을 느끼고 있다.

중국이 가장 직접적으로 미국과 서방 국가들의 견제를 확인한 것은 IMF 특별인출권(SDR)의 통화바스켓 배분 때였다. SDR은 1969년 회원국이 보유한 통화에 대한 청구권으로 만들어졌다. 회원국들은 환율 급변동이나 외화 유동성 위기에 닥쳤을 때 SDR을 통해 외화를 확보할 수 있다. SDR은 초기에 달러화, 유로화, 엔화, 파운드화 등을 포함해 구성됐고, 그 비율을 정하는 데 당시 주요 서방 선진국들의 경제력이 반영됐다. 중국은 국가 GDP 기준으로 2007년에는 독일을 제치고 세계 3위로 올라섰고, 2010년에는 일본을 넘어서 세계 2위로 올라서며, 오랜 기간 SDR통화바스켓 편입을 주장했다.

중국은 2016년 10월에야 그 뜻을 이뤘다. 하지만 위안화의 SDR 통화바스켓 지분은 세계 경제 비중을 고려하면 많이 낮은 수준이다. 2022년에 달러는 43.38%로, 위안화가 12.28%로 각각 비중이 상향 조정됐지만 경제 규모가 제대로 반영되지 않았다. 엔화(7.59%), 파운드화(7.44%)를 포함하면 미국과 서방 선진국들의 비중이 압도적이다. 지난 수년간 미국과 중국의 진영대결 구도가 더욱 선명해지고 있는 점을 고려하면 국제경제기구에서의 중국의 한계가 드러난 셈이다. G7을 중심으로 한 서방 선진국들의 견고한 '카르텔' 구조를 깨는 것은 거의 불가능한 일이었다.

두 번째 계기는 페이스북(현 메타)이 세계 디지털통화로 리브라 구상을 발표했을 때다. 리브라프로젝트는 블록체인에 기반을 둔 스테이블코인으로 세계 송금과 결제를 이루겠다는 프로젝트였다. 당시 페이스북, 왓츠앱, 인스타그램 등 SNS 가입자들이 리브라를 활용한다면 세계 지급결제 시장의 판도를 뒤흔들 수 있었다. 마크 저커버그의 페이스북은 구상 초기 가상화폐 리브라 준비금을 구성하는 통화바스켓에서 위안화를 아예 빼버렸다. 미국 달러화 50%, 유로화 18%, 엔화 14%, 파운드화 11%, 싱가포르 달러화 7% 등을 포함했다. 리브라프로젝트는 달러 패권에 아주 작은 도전도 용납하지 않는 미국의회와 정부가 강하게 제동을 걸어 무산됐지만, 위안화가 통화바스켓에서 제외됐다는 사실은 디지털 세상에서도 위안화는 배제될 것이라는 점을 단적으로 보여줬다. 중국이 디지털위안화 실험에 더욱 강하게 나서게 된 배경으로도 작용했을 것이다.

자국 이익에 초점을 맞춘 환율정책

디지털위안화 얘기를 하기에 앞서, 사회주의 체제인 중국 또한 방법은 다를지언정 여느 나라처럼 자국 화폐의 안정성을 중요한 목표로 삼고 있다. 중국은 관리변동환율제를 채택하고 있다. 관리변동환율제는 자유변동환율제로 이행하기 이전 단계로, 정부가 어느 정도 외환시장에 개입해 환율을 조정할 수 있는 방식이다. 주요 무역 상대국의 통화환율을 고려해 중국 인민은행이 매일 오전 전일 대비 환율을 고시한다. 달러위안 일일 기준가를 비롯해 유로위안, 엔위안 환율 등 주요국과 한국, 홍콩, 호주, 싱가포르, 말레이시아 등 환율이 고려대상이다.

중국은 환율정책에 관해 철저하게 '단계적으로' 대외 개방을 확대하고, 이 과정을 전적으로 '자율적으로' 추진해왔다. 수출을 장려하고 수입을 억제하는 것을 중심으로 정책적 필요에 따라 또는 국제경

중국 위안화 환율 추이

(단위=위안/달러)

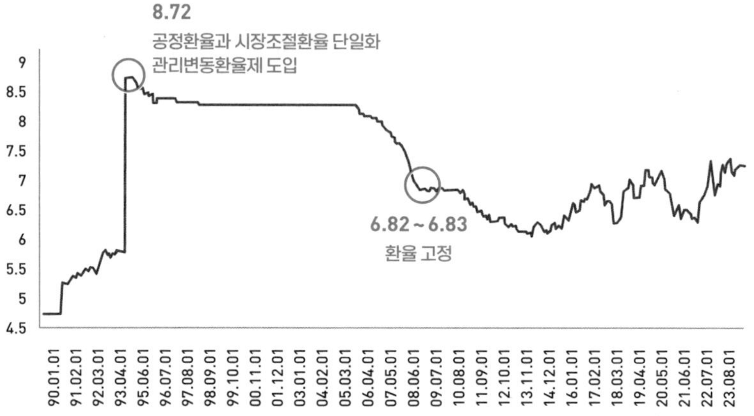

자료=investing.com

제 여건에 따라 고정환율제와 관리변동환율제를 오락가락하면서 유연하게 대응했다. 1979년 개혁개방 이후 위안화 환율의 안정성이 중요한 정책 목표가 됐다. 외자유입을 확대하고, 중국 내에서 생산한 제품을 쉽게 수출하려면 위안화 환율을 높게 유지하는 것이 필수적이었다. 그래서 개혁개방 초기에는 이중환율제를 시행하며, 수출을 늘리기 위해 무역거래와 비무역거래에 적용하는 환율을 다르게 결정했다. 한때 두 환율이 거의 2배 가까이 차이 나기도 했다. 1993년 6월 말 무역거래 환율인 공정환율은 1달러당 5.7위안, 비무역거래 환율인 시장조절환율은 10.8위안이었다. 1980년대 초 공정환율은 1달러당

1.50위안, 1993년 말에는 5.82위안까지 대폭 평가절하하기도 했다.

공정환율과 시장조절환율 차이는 암거래 시장을 팽창시키는 등 심각한 부작용을 초래했다. 1994년에는 환율을 단일화하고 관리변동환율제를 도입했다. 이때 시장 환율을 어느 정도 반영해 5.82위안에서 8.72위안으로 다시 50% 가까이 올렸다. 이후 아시아 외환위기가 터지기 전인 1997년 9월까지 달러 대비 위안화 환율이 하락해 위안화가치가 상승하기도 했다. 하지만 1997년 아시아 외환위기가 발생해 위안화 절하 압력이 강해지자 1달러당 8.28위안으로 사실상 고정환율제로 돌아갔다. 중국은 한국, 태국, 인도네시아, 필리핀 등이 휘말렸던 아시아 외환위기를 별다른 어려움 없이 비켜갔다. 중국의 고도성장이 1단계 위기 국면을 통과하면서 오히려 다른 아시아 국가들에 비해 성장 속도를 더욱 높이는 계기가 됐다.

중국의 대미 경상수지 흑자가 1,500억 달러에 이르자 미국의회를 중심으로 보복 관세를 부과하고 위안화에 평가절상을 요구하는 목소리가 높아졌다. 중국은 2005년 7월 기존 8.28위안에서 8.11위안으로 2.1% 절상했고, 고정환율제에서 관리변동환율제로 되돌아갔다. 2007년 5월에는 환율변동폭을 0.3%포인트에서 0.5%포인트로 확대했다. 이후 위안화가 절상돼 수출기업에 부담을 주자 1달러당 6.82~6.83위안으로 고정시켰다. 중국은 미국 서브프라임 부실로 시작된 세계 금융위기 때 위안화 환율을 고정하는 방식으로 대응해 어려운 시기를 넘겼다. 하지만 2010년 들어서 미국 등 서방 선진국들이 중국을 세계 불균형의 진원지로 지목해 압박을 가하자, 다시 관리

변동환율제로 복귀했다. 이어 2012년 4월에는 환율의 하루 변동폭을 0.5%에서 1.0%로 한 번 더 확대했다.

고정환율제와 관리변동환율제를 오가는 중국의 환율제도가 복잡해 보이지만 목표는 하나다. 자체적인 환율정책을 펼치겠다는 것이다. 경제발전 단계에 따라, 실물부문의 성장에 맞춰 금융이 지원 역할을 하는 쪽에 초점이 맞춰져 있다. 은행권은 5대 국유은행 중심으로 구성돼 있고, 자본시장 역시 기본적으로 공산당이 주도하는 정책 목표와 계획에 따라 운영됐다. 미국 등 서방 선진국들이 무역 불균형 개선과 보조금 지급 축소 등을 주장하더라도 아랑곳하지 않고 자국의 계획을 밀고 나갔다. 그만큼 외부 압력에 휘둘리는 것을 피하려 하고, 중국의 급속한 경제발전에 대한 서방 쪽의 견제에 더욱 민감하게 반응한다. 중국은 지금도 스스로 정한 '시간표'를 지키고 있다.

디지털위안화와 페트로위안화 전략

G2시대라고 할 정도로 중국의 경제력은 커졌지만 국제무역 거래나 자본거래에서 위안화가 차지하는 비중은 아직 미미한 수준이다. 전 세계 1만여 은행들이 국경 간 결제에는 국제은행간통신협회(SWIFT)의 시스템을 활용한다. 거의 모든 나라 은행들이 코드를 받아서 SWIFT망으로 서로 결제한다. 2023년 11월 기준 SWIFT 결제통화 중 달러 비중은 47.08%, 유로화 22.95%와 파운드화 7.15%, 위안화는 4.61%로 엔화를 제치고 그 뒤를 이었다. 하지만 전체에서 차지

SWIFT 결제통화 비중

(단위=%)

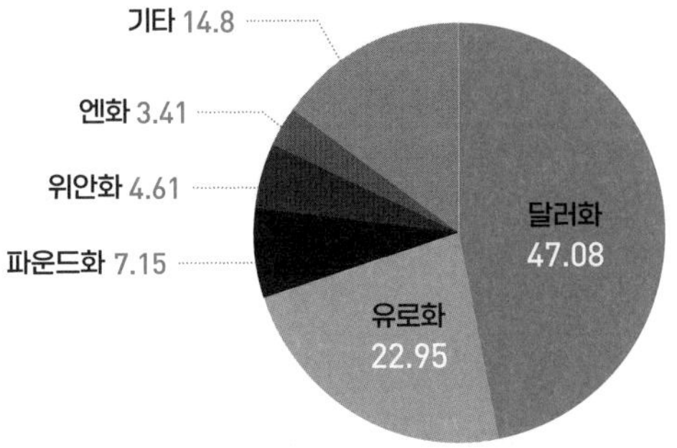

자료=SWIFT, 2023년 11월 기준

하는 비중은 여전히 낮다.

예전부터 위안화에 대한 견제와 한계를 느껴왔던 중국은 세계 금융의 기반을 확보하려는 전략을 꾸준히 펼쳐왔다. 가장 중점을 두는 것은 디지털위안화 전략이다. 디지털 결제 분야에서 위안화가 시장을 선점하겠다는 목표하에 디지털위안화, 즉 e-CNY를 주요 도시에서 실제로 사용하고 있다. 기본적인 원리는 종이화폐를 그대로 스마트폰에 넣어 지급 결제에 사용하는 방식이다. 앱을 켜면 1위안부터 100위안까지, 마오쩌둥 초상이 담긴 지폐가 담겨 있다. 스마트폰끼리 '맞부딪치기' 방식으로도 결제가 가능하고 은행계좌에 연계할지 선택할 수 있다. 중국 중앙은행인 인민은행(PBoC)이 상업은행에서

준비금을 예치하면 1대 1로 디지털위안화를 발행하고 상업은행이 개인과 법인에게 전달한다. 인민은행이 고객정보를 공유하고 모든 과정을 중앙관리체제로 책임지기 때문에, 블록체인의 핵심인 탈중앙화와는 다르다. 결제 방식이 종이화폐에서 신용카드로 바뀌는 단계를 건너뛰어 바로 스마트폰 큐알코드 결제를 도입해 성공했던 경험이 e-CNY로의 전환도 이끌 것이라는 전망이다.

이에 더해 중국은 태국, UAE 등과 함께 중앙은행 디지털화폐(CBDC, Central Bank Digital Currency) 상용화를 위한 m브릿지프로젝트를 진행 중이다. 이는 여러 나라 디지털화폐를 하나의 플랫폼에 연결해 국경 간 결제시스템을 구축하려는 것이다. 높은 거래 비용, 느린 속도, 복잡한 운영 방식 등 기존 SWIFT에 여러 문제점이 지적되고 있어 국가 간 CBDC를 통한 결제망이 대안으로 떠오르고 있다. 이 프로젝트는 중국 인민은행과 공조하에 홍콩통화청(HKMA)이 주도하고 있다. CBDC 도입을 구체화하고 있는 한국은행도 m브릿지프로젝트에 옵서버로 참여하고 있다.

SWIFT의 문제점에 많은 나라가 공감하고 있어 중국은 SWIFT를 대체할 또 다른 국경 간 결제시스템 CIPS 구축에도 한창이다. CIPS는 Cross-border Interbank Payment System의 약자지만, China Interbank Payment System으로 알고 있는 사람이 많을 정도다. 운영 방식이나 내용은 거의 SWIFT와 판박이다. 중국은 국경 간 결제에 SWIFT를 활용하고 있지만 CIPS를 병행해서 가동한다. CIPS의 결제 규모가 상대적으로 작고, 위안화 중심으로 거래되고 있지만 점진적으

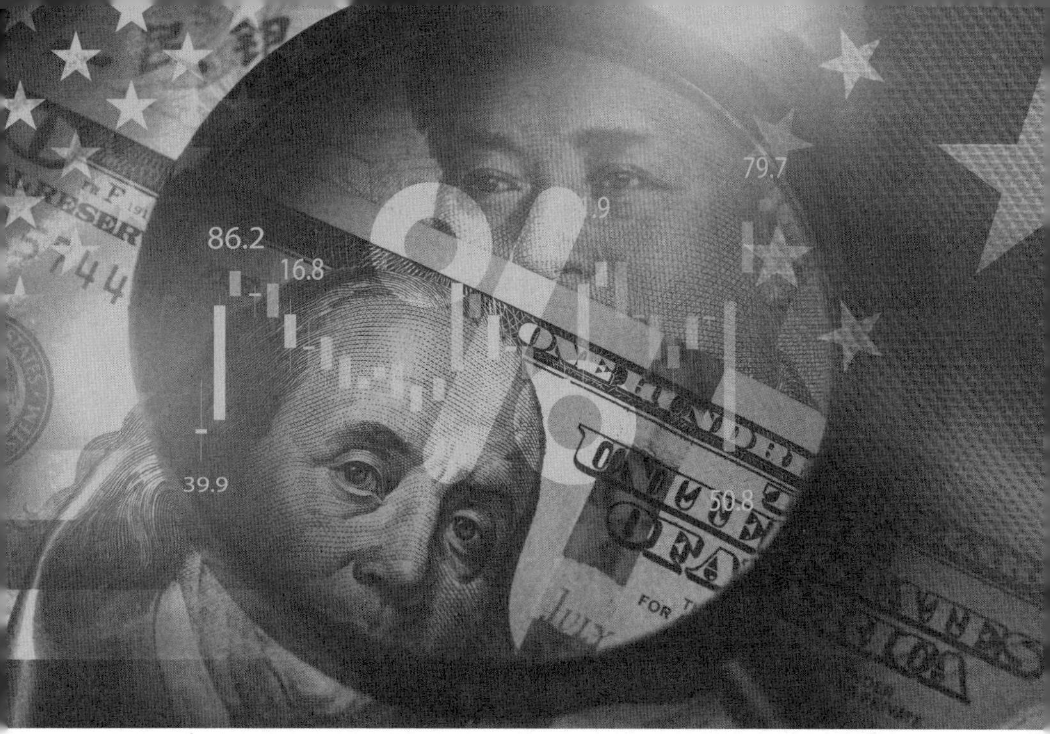

중국은 세계 금융 기반을 확보하려는 전략을 펼치고 있다. 디지털위안화, 페트로위안화 등 세계가 연결되는 곳 어디든 위안화로 금융 영향력을 확대하려 한다.

로 참여하는 은행과 거래금액이 늘고 있다. 2024년 6월 기준으로 직접참여기관은 중국 금융기관을 중심으로 148개, 간접참여기관은 1,396개다. 간접참여기관 중에서 중국 564개를 포함해서 아시아 지역이 1,044개로 가장 많고, 유럽 238개, 아프리카 52개, 북미 24개, 오세아니아 21개, 남미 17개 등이다. 상하이에 본부를 두고 있는 CIPS는 세계 184개국에서 4,700개 은행들이 참여하고 있다고 밝혔다.

디지털 세상을 나와서는 페트로위안화를 살펴야 한다. 페트로위안화 또한 전 세계의 위안화 사용 범위를 확대하려는 전략이다. 과거 미국과 사우디아라비아는 페트로달러 협정을 통해 원유 수출 대금을 달러로만 결제하는 대신 미국은 사우디의 안보를 보장했다. 셰일가스 혁명 이후 미국이 석유수입국에서 수출국으로 위상이 바뀌면서 중동에 대한 이해관계가 약화되는 그 틈을 중국이 뚫고 들어갔다. 중국은 2023년 사우디와 원유 수입 대금을 위안화 대출 형태로 위안화 결제를 하는 방안에 합의했다. 중국은 이미 러시아, 이란, 베네수엘라 등과 원유 거래에 위안화를 활용하고 있고, 무역 협정 등으로 인해 위안화표시 원유 선물거래량도 늘고 있다.

중국의 페트로위안화 전략은 위안화 국제화를 위한 디딤돌이 될 수 있다. 세계 최대 원유 수입국으로서 유리한 측면도 있다. 하지만 페트로위안화가 페트로달러를 대체할 정도로 광범위하게 통용되려면 많은 시일이 걸릴 것으로 보인다. 세계 금융시장이 달러를 중심으로 돌아가고 있다는 점이 가장 큰 장벽이다. 중국이 아닌 나라들과 거래할 때 활용하는 데 한계가 있어 다른 나라들이 위안화를 적극적으로 수용하기 힘들다. 따라서 페트로위안화 도전은 원유와 가스를 거래할 때 오로지 달러로 결제하던 국제 관행에 작은 균열을 낸 수준이라고 평가할 수 있다.

중국이 반면교사 삼을 세 가지 사건

WTO 가입 이후 사회주의적 시장경제를 모토로 경제대국이 된 중국의 지도자들은 지난 50여 년의 급속한 경제성장을 '새로운 발전'이 아니라 역사 속에서 수천 년 동안 유지해왔던 세계 1위 나라로 '복귀'하는 과정으로 본다. 최근 몇 년 동안 중화주의를 강조하고, 중화 경제권을 내세우는 것은 미국에 대응한 측면이 있지만 중국의 대국 굴기를 완성하겠다는 의지도 담겨 있다. 2021년 중국 공산당 창당 100년과 2049년 중화인민공화국이 출범한 신중국 건국 100년이라는, 두 100년을 거쳐 세계 경제 1위가 되는 것이 중국의 목표다.

중국이 나아가는 길에서 위안화 중심으로 경제 규모에 걸맞은 금융 패권을 확보하는 것은 중요한 과제다. 중국은 전 세계가 위안화로 자국 통화의 가치를 평가하는 날을 만들려는 야망을 숨기지 않는다. 이를 위해 위안화가 흔들리지 않고 안정적인 가치를 유지할 수 있도록 중국은 여러 제도를 만들고, 자체적인 시간표에 따라 금융자유화 조치를 시행하고 있다.

미국과 다른 길을 선택해온 중국이 환율과 관련해 가장 경계하는 것은 무엇일까? 금융시장은 국내외 여건에 따라 급격한 변동을 되풀이한다. 자본주의 체제가 도입된 이래 수많은 위기가 반복됐다. 시장 참여자들은 '탐욕과 공포' 속에서, 갑작스런 외부요인에 따라 요동치는 시장 속에서 크나큰 고통을 겪었다. 중국은 위안화가 글로벌 기축통화로 자리를 잡아가는 과정에서 경제가 흔들리거나 환율이 요동치는 것을 반드시 피하려 할 것이다. 아마 세 가지 사건을 반면교사로 삼고 있을 것이다.

우선 환율과 직접 연계된 두 가지 사건부터 살펴볼 수 있다. 일본이 미국의 압박을 받아 서명했던 플라자합의가 있다. 눈덩이 무역적자에 시달리던 미국이 일본과 서독에게 통화가치 평가절상을 요구해관철시킨 사건이다. 세계 2위 경제대국으로 미국을 따라잡으려던 일본은 플라자합의 이후 급속한 엔고시대에 접어들어 주식과 부동산 버블을 초래했고, 오랜 기간 경기침체를 겪었다. 자체적인 정책 실패 탓도 있었지만 일본은 그후 더 이상 미국을 넘볼 수 없게 됐다.

두 번째는 아시아 국가들을 IMF의 '신탁통치'에 내몰았던 아시아 외환위기를 꼽을 수 있다. 태국 바트화에서 촉발된 아시아 외환위기는 태국, 인도네시아, 한국 등에 큰 상흔을 남겼다. 미국은 IMF를 앞세워 부실기업을 매각하고 극도의 긴축정책을 유도했다. 무엇보다도 글로벌스탠더드를 내세워, 금융과 자본시장을 전면적으로 개방하도록 압박해 성사시켰다. 그 결과로 한국경제 구조는 한 단계 올라섰다고 하지만, 그 과정은 모두 타의에 의해 강압적으로 이뤄졌다. 중국이 금융시스템 안정과 대규모 외환보유고를 유지하는 것은 외부적인 요인에 의해 '외환위기'를 겪지 않겠다는 의지의 표현이다.

마지막 사건은 가장 최근의 일로, 우크라이나 침공 이후 러시아를 SWIFT에서 배제했던 금융제재를 들 수 있다. 미중 대결이 격화될수록 미국은 달러를 무기화할 가능성이 높다. 이란과 북한, 러시아 등이 SWIFT 제재를 받고 있지만 중국이 다음 차례가 될 수 있다는 우려를 갖고 있다.

봉쇄되느냐 돌파하느냐

직접적인 제재까지는 아니지만 미국과 서방 국가들이 중국을 가상의 적국으로 상정하던 견제를 넘어서 '봉쇄'하는 쪽으로 움직이고 있다. 트럼프 대통령 때 가시화됐던 중국에 대한 무역제재와 첨단기술 수출 통제는 바이든 정부 들어 오히려 세밀하게 제도화됐고 미국인들의 반중 정서는 더욱 높아졌다. 국제회의에서 중국은 자유무역을 주창하고 미국이 자국 우선주의와 고립주의를 공공연하게 말할 정도로, 미국은 더 이상 중국의 부상을 용인하지 않겠다는 의지와 불신을 가감 없이 드러내고 있다. 대만을 둘러싼 미국과의 갈등은 또 다른 위협요인이다. 대만해협과 남중국해는 미국과 중국의 이해관계가 충돌하는 곳이고, 분쟁지역화된다면 중국에 큰 부담이다.

시진핑 3기 체제는 전방위적 봉쇄에 직면한 중국이 선택한 강력한 1인 체제다. 효율적으로 대외 압력에 대응하고 내부적으로 공산당이 주도하는 민심 잡기와 경제 운용을 목표로 삼고 있다. 중화주의를 내세우는 중국이 주변 나라뿐만 아니라 서방 여러 나라들과 전방위적으로 마찰을 빚고 있는 상황은 중국에 불리한 여건이다. 미국이 중국을 몰아붙여 중국몽과 중화주의를 더욱 강하게 내세우게 했다면 미국의 다각도 압박 전략이 상당히 성공적으로 먹혀든 것으로도 볼 수 있다. 내부적으로 똘똘 뭉치는 중국이 다른 나라들에게 어떻게 비춰질지는 불 보듯 뻔한 일이다. 외부 견제에 대응하다보면 더욱 강력한 지도체제가 요구되고 정당화된다. 하지만 마찰이 잦아질수록 다른 나라들이 중국을 보는 시각이 악화될 가능성이 높아진다. 사드 사태 이후 한중관계를 그 사례로 꼽을 수 있다.

이런 사건들을 잘 넘기더라도 더욱 본질적인 문제가 남아 있다. 바로 중국 내부의 문제다. 중국이 경제성장률 5%를 유지한다고 하더라도 미국이 2~3% 성장한다면 GDP를 추월하는 시기가 크게 늦춰진다. 부동산 부실과 지방정부 부채도 쉽게 해소되기 힘들다. 당-국가 체제가 갖는 정책의 효율성과 일관성이 한계에 달했고 권위주의와 경직성이 드러나고 있다. 중국 최고 사정당국인 공산당 기율위원회·국가감찰위원회에서 주기적으로 드러나는 부정부패도 뿌리 깊은 문제이다. 도농격차, 빈부격차, 해안과 내륙 간 격차 등 구조적인 문제들이 쌓여 있다. 중국은 오랜 기간 한자녀출산 정책을 추진했고, 이로 인한 저출산, 고령화 등 인구문제는 복지비용을 늘릴 것이다. 인구 보너스 시대가 끝나고, 출생률 하락으로 노동인구가 감소하고 부양인구가 늘어나 경제 성장이 둔화되는 인구 오너스Onus 시대로 접어들었다. 인구문제는 '정해진 미래'라고 말하듯이 단시일 내에 해결하기 힘들다.

한 나라의 화폐는 한낱 종이가 국가의 모든 거래에 사용되도록 의무화한 것이다. 한 나라의 법정화폐는 그 나라 안에서는 통용될 수 있다. 한 나라의 화폐가 그 나라 밖에서 광범위하게 다른 나라 화폐와 함께 아무런 제약 없이 통용되려면 절대적인 믿음을 얻어야만 한다. 더 나아가 세계의 기축통화가 되려면 경제 규모뿐만 아니라 경제 운용 방식과 능력, 정치적 안정 법치와 사유재산권 보장 등 그 나라의 포괄적인 역량이 기반돼야 한다. 여기에 실물경제에 걸맞은 금융시장의 발전과 개방, 자유로운 자본 유출입 등도 필수다.

이러한 점들을 평가해보면 중국의 실물경제 자체는 G2에 올라섰고 미국을 턱밑에서 추격하고 있지만, 금융분야의 발전 정도는 크게 부족하다. 더구나 정책 결정 과정은 더욱 경직적이고 권위적인 경향을 보이고 있고, 디지털 기술을 활용한 프라이버시 침해 등으로 외국인들의 경계심을 높이고 있다. 미국 역시 자국 중심주의와 포퓰리즘 경향을 보이고 있지만 중국의 중화주의와 공산당 중심의 중앙집권적 체제는 더욱 강화되고 있다. 다른 여러 나라들과 상호 호혜적 관계를 확대해야 하는 시점에 중국은 우호적인 분위기를 이끄는 데 실패하고 있다.

중국은 위안화가 여러 나라에서 통용되고, 각국이 마치 달러 대비 환율을 산정하는 것처럼 위안화 대비 환율을 정하게 될 미래를 꿈꾸고 있다. 세계 2위 경제대국에서 언젠가 1위로, 무역이나 자본거래에서 위안화가 1위를 차지하는 것과 같은 꿈이다. 큰 꿈이니만큼 단시일 내에 1위로 올라서기보다는 브릭스 등 지역을 기반으로 점차 범위를 확대하는 방향으로 장기 전략을 펼치고 있다.

미국과 중국의 패권 다툼은 마라톤 같은 장기 레이스에 들어갔다. 세계 금융패권은 두 나라의 운명을 가를 것이다. 중국이 위안화를 내세워 세계 금융시장에서 달러를 제치고 자리잡는 날이 올지 현재로서는 의문스럽다. 다만 장기전에 강한 중국이라서, 불가능하거나 실패하리라고 단정하는 것은 섣부른 일이다.

브릭스의 공동통화 구상

투자은행의 이코노미스트가 만들어낸 조어가 국제적인 다자협의체가 되었다. 브릭스(BRICs)라는 용어는 2001년 골드만삭스의 짐 오닐이 세계 영향력을 확대하게 될 신흥국을 분석한 보고서에서 최초 등장했다. 경제대국으로 자리잡은 중국을 비롯해 급부상하는 인구대국 인도와 러시아, 브라질 등 4개국을 주목하라는 의미였다. 나중에 남아프리카공화국이 추가되어 BRICS가 되었다. 세계 금융위기와 유럽 재정위기를 겪으면서 미국과 서방 선진국들이 점차 위축되고 신흥국 중 대국들이 경제 측면에서나 외교안보적으로 목소리를 높여왔다.

세계 GDP의 31.5%, 인구 41%를 차지하는 브릭스는 중국의 강력한 영향력을 등에 업고 국제기구를 만들었다. 2014년에 신개발은행

(NDB)을 출범하고 개발도상국의 사회기반시설과 관련한 프로젝트에 자금을 지원했다. 더불어 NDB는 미국이 주도하는 국제통화기금(IMF)과 세계은행 체제에 대응하는 역할을 한다. 중국이 창설한 아시아인프라투자은행(AIIB)은 일대일로(一帶一路, One Belt One Road, 육상 실크로드 경제 벨트와 21세기 해상 실크로드를 연결하는 인프라와 무역 네트워크를 구축하는 중국의 경제 및 외교 프로젝트) 전략을 중점적으로 지원해왔으나, 앞으로 브릭스와 연계를 강화할 것으로 예상된다. 한편 중국은 러시아, 우즈베키스탄, 카자흐스탄, 이란, 인도 등과 상하이협력기구(SCO)를 만들어 주도하고 있다. 회원국 간 정치·군사·경제·문화 분야 협력을 목적으로 하고 있고, 미중 대결 국면에서 역할이 높아질 수 있다.

브릭스는 매년 정상회의를 열고 공조체제를 굳히고, 가입국을 늘려 브릭스플러스로 확장하고 있다. 2023년 사우디아라비아, 이란, 아르헨티나, 이집트, 에티오피아, 아랍에미리트 등 6개국을 새 회원국으로 받아들이기로 했고 10여 개 나라들이 가입신청을 했다. 다만 아르헨티나는 밀레이 대통령 취임 이후 가입 철회 의사를 밝혔다.

브릭스 국가들은 초기부터 달러를 대체할 새로운 '슈퍼통화' 구상을 밝혔다. 2008년 세계 금융위기로 미국과 서방 선진국들의 한계가 드러났다는 것이 배경이었다. 미국 달러에 휘둘리지 않겠다는 의지도 반영했다. 브라질의 룰라 대통령은 2023년 상하이를 방문했을 때 달러에 대한 강한 불만을 표출했다. 그는 금본위제 이후 누가 달러를 국제통화로 결정했는지, 왜 우리는 자국 통화를 무역결제에 활용하지 못하는지, 왜 모든 나라들이 달러 기반으로 무역거래를 하는지 매일 자문해본다고 말했다.

'탈달러화' 움직임은 미국이 달러를 무기화하는 사례가 증가하면서 더욱 강해져왔다. 이란과 러시아가 가장 직접적인 금융제재 수단인 SWIFT 배제 조치를 당하자 중국을 비롯해 미국에 적대적인 나라들이 금융제재를 우려하면서 새로운 통화를 구상하거나 다른 결제시스템을 구축했다. 실제로 우크라이나 침공으로 인해 SWIFT 제재를 받은 러시아는 중국 위안화로 무역결제를 늘리고, 중국이 만든 국경 간 결제시스템 CIPS를 활용했다. 인도는 러시아 원유를 수입할 때 루블과 루피를 결제통화로 사용했다. 동남아 10개국이 모인 아세안(ASEAN) 재무장관 회의에서 역내 무역거래에는 지역화폐를 활용하자는 논의가 진행됐다. 모두 달러의 무기화에 대응한 탈달러화 시도였으나 구체화되지는 못했다.

위안화를 브릭스 내 공동통화로 선정할 가능성은 얼마나 될까. 지난 2023년 브릭스 회의에서 위안화를 활용하자는 논의가 진행됐으나 크게 진전되지는 않았다. 중국은 이미 여러 나라와 도시에 구축해둔 위안화 직거래시장과 청산은행 체제, CIPS를 국경 간 결제시스템으로 활용하며 위안화 사용을 확대하고 있다. 하지만 브릭스 회원국들의 적극적인 참여와 공조가 유지돼야 가능한 일이다. 전통적으로 중국과 긴장관계를 유지해온 인도가 위안화 체제를 수용할지는 미지수다.

만일 브릭스 내에서 위안화가 널리 통용된다고 하더라도 기존의

중국, 인도, 러시아, 브라질, 남아프리카공화국은 달러에 대항할 수 있는 통화정책을 구상하고 있다.

달러거래 관행을 벗어나기까지는 많은 시일이 걸릴 것으로 예상된다. 회원국들이 자국 기업에게 위안화 사용을 강제하기는 어렵고, 그런 상황이 되면 미국이 어떤 방식으로든 대응책을 내놓을 것이다. 과거 페이스북의 리브라프로젝트를 떠올려보자. 자국의 회사일지라도 미국은 달러의 위상이 조금이라도 훼손될 가능성이 보이면 온갖 수단을 써서 응징한다.

브릭스는 많은 한계를 지닌 협의체다. 중국, 인도 등이 포함돼 있어 경제 규모 자체로는 G7에 견줄 만하지만 결속력이나 공조체제가 얼마나 견고한지 아직은 의문스럽다. 시장경제와 민주주의라는 가치를 공유하고 있다고 보기 힘들고 각 나라별로 이해관계가 엇갈려서 구심점을 만들기가 쉽지 않다. 미국의 패권에 맞선다는 점에서는 비슷한 입장이지만 공동의 목표를 잡고 이를 실행하는 동력을 갖추기에는 미흡하다.

다양한 가치와 목적을 가진 나라들이 모인 브릭스는 상대적으로 느슨한 조직이고 구체적인 의사결정을 하고 실행한 사례가 많지 않다. 다만, 세계 금융시장에서 브릭스가 차지하는 비중이 크기 때문에 눈길을 거둘 수 없다. 당장은 아니지만 장기적으로 G7체제에 대응해서 브릭스가 경제블록으로서 어떤 역할을 할 수 있을지 주목된다.

다중 플레이어 인도, 새로 부상하는 나라일까

인도정부와 국제통화기금(IMF)이 환율제도를 놓고 한바탕 논쟁을 벌였다. IMF가 2023년 말 인도경제보고서를 발표하면서 인도중앙은행(RBI)이 외환시장 안정을 위해 필요한 수준을 넘어서 개입했을 가능성이 있다고 지적하고, 변동환율제에서 안정적환율제도의 국가로 재분류했기 때문이다. RBI와 재무부는 크게 반발했다. 2023년 중 달러루피 환율은 0.62% 상승해, 루피화가치가 소폭 떨어졌다. 변동폭을 보면 1월 말 1달러당 80.976루피에서 12월 초 83.333루피 사이에서 오르내렸다. 높은 물가상승으로 인한 리스크를 줄이기 위해 정부가 환율 개입에 나선 것으로 추정됐다.

인도는 중국에 이어서 직접적으로 탈달러화 정책을 추진하는 나라로 꼽힌다. 중동, 동남아시아 등 주로 국경을 맞대고 있는 나라들을 중심으로, 방글라데시, 스리랑카, 네팔, 부탄 등 주변국들과의 무역에서 루피화로 결제하는 비중을 늘리고 있다. 이를 가능하게 하는 건 인도의 의지이지만, 주변 국가들의 외환보유고가 충분하지 않은 것도 중요한 이유다.

인도는 2023년 8월 아랍에미리트(UAE)와 현지 통화결제 협약을 체결하고 UAE에서 수입하는 석유 대금을 루피화로 결제하도록 했다. 2024년 1월에는 미얀마 짜르화와 인도 루피화 간 직접결제 협정을 맺었다. 양국은 현지 통화 사용을 늘려 양자 무역을 확대하고 미국 달러에 대한 의존도를 낮추고 환율 위험을 완화하려는 것이라고 설명했다.

인도는 중국과 마찬가지로 중앙은행 디지털화폐(CBDC) 개발과 활용에도 적극적이다. 디지털루피(e-Rupee)로 이름 짓고, 도매용 CBDC와 소매용 CBDC 시범사업에 이어서 프로그래밍과 오프라인 기능을 추가해 상용화를 서두르고 있다. 금융포용성을 확대하고 디지털 경제 기반을 다지는 한편 루피화의 국제적 영향력을 높이려는 목표를 갖고 있다.

이에 앞서 인도중앙은행은 지난 2021년 12월 부처 간 그룹을 구성해 루피화의 국제화 방안을 논의했고, 2022년 7월 루피화를 국제 통상에 활용하는 메커니즘을 발표했다. 디지털위안화, 페트로위안화 전략과 일대일로 전략, 자체적인 국경 간 결제시스템 구축 등으로 중

세계의 '다중 플레이어' 인도는 자국의 이익을 최우선으로 삼는다. 오랫동안 분쟁해온 중국과 협력하기도 하고, 러시아산 석유를 저렴하게 수입하는 데 거리낌이 없다.

국은 위안화 국제화에 적극적이다. 중국과 달리 인도는 비교적 조용하게 주변국을 중심으로 무역에 루피화를 활용하는 방안을 실행하고 있다. 앞서 인도중앙은행이 IMF의 환율제도 평가에 강하게 반박하고 나선 것은 지역 결제통화로 발돋움하려는 루피화의 신뢰도 하락을 우려했기 때문으로 보인다.

다중 플레이어 인도, 문제도 많다

인도는 국제관계에서 '다중 플레이어'라고 불릴 정도로 복잡미묘한 입장을 보이고 있다. 2004년 미국, 일본, 호주, 인도가 참여하는 지역안보협력체제인 쿼드(QUAD)에 합류하는 한편, 오랫동안 국경을 맞대고 분쟁해온 중국과 함께 브릭스, 상하이협력기구에도 참여하고 있다. 또한 미국과 서방 선진국들의 러시아에 대한 금융제재에도 불구하고 인도는 러시아산 석유수입을 크게 확대했다. 서방제재 때문에 러시아산 석유를 낮은 가격에 수입할 수 있었고, 이에 따라 재정부담을 덜고, 수입물가 하락에 따른 인플레이션 관리에 도움을 받았다. 이러한 외교적 행보는 최대한 실리를 얻으려는 전략이다. 아시아의 대국으로서 주변국을 이끌어가고, 미국이나 중국 등 패권을 다투는 국가들과는 협력과 경쟁, 견제를 통해 위상을 확보하고 자국의 이익을 챙기려는 것으로 보인다.

2022년 인도의 전체 인구가 14억 2,862만 명으로 집계돼, 중국을 제치고 세계 1위 인구대국이 되었다. 젊은 층과 아직 경제활동에 참가하지 못한 여성의 인구비중이 많은 편이다. 영어를 공용어로 하고 있다는 장점도 있다. 2024년 경제성장률은 6%대를 넘어서 중국의 5%대보다 높고, 이러한 추세는 지속될 것으로 전망된다. 2023년 GDP는 3조 7,320억 달러를 기록했고, 2024년에는 4조 달러를 넘어서게 된다. IMF의 인도경제보고서는 기반시설과 물류시설에 대한 공공투자와 막대한 인구, 디지털 경제 개혁 등이 인도의 경제성장을 이끌 것이라고 긍정적인 전망을 내놓았다. 인도공과대학(IIT)로 대표되는 풍부한 자국 IT인재와 함께 실리콘밸리, 중동, 아시아를 아우르는 세계적인 네트워크도 강점으로 꼽힌다.

하지만 인도가 중국을 추월하는 데는 넘어야 할 산이 많다. 모디

총리가 이끄는 집권당이 힌두민족주의를 앞세우고 이슬람 등 다른 종교와 마찰을 빚어왔다. 카스트제도의 잔재와 빈부격차는 사회적 문제를 내포하고 있다. 자본시장과 금융산업이 낙후되고 있고 금융 소외층도 많다. 장기적인 성장을 위해서 필요한 교육과 의료, 노동시장 등 포괄적인 개혁은 여전히 시작단계다. 포용성과 다양성은 한 나라의 경제발전에 가장 중요한 밑바탕이라는 것이 오랜 역사의 교훈이다. 세계 최대 민주주의 국가인 인도가 경제와 금융 분야에서 나아갈 길은 아직 멀다.

디지털 세상에서 달러를 벗어나려는 나라들

스티브 잡스가 아이폰을 내놓은 이후 스마트폰은 디지털 세상에 혁명적인 변화를 몰고 왔다. 가장 극적인 변화를 보여주는 분야 중 하나가 바로 지급결제다. 주요 국가들이 현금에서 은행거래와 신용카드로, 이어서 모바일로 이행하는 단계를 거쳤다. 코로나19 팬데믹 위기가 겹쳐 대면거래에서 비대면거래로 확장됐다. 일부 신흥국은 은행거래와 신용카드 단계를 건너뛰고, 모바일로 결제하는 단계로 바로 넘어가는, 리프프로깅을 보여줬다.

국가 간 상품과 서비스 결제에서 달러가 주요 매개통화지만 한 나라 안에서는 달러 없이 그 나라 통화로 결제한다. 디지털 결제시스템은 앱을 통해서 이를 가능하게 했다. 디지털 결제시장에 다양한 시스템이 등장하는 것은 간접적으로 달러 체제를 탈피하게 해준다. 만일 각 나라의 중앙은행 디지털화폐(CBDC)와 디지털 결제시스템이 결합한다면 달러가 아닌 다양한 통화로 세계 지급결제가 '분절화'하는 현상이 가속화될 수 있다.

디지털 결제분야에서 가장 비중이 높은 것은 중국의 위챗페이와 알리페이다. 중국은 전 세계를 장악한 미국의 FAANG에 대응해 BATH를 자체적으로 구축했다. 텐센트가 만든 위챗페이와 알리바바가 운영하는 알리페이는 중국의 일상을 장악했다. 두 강자는 동남아와 한국 등을 상대로 시장을 넓히고 있다.

인도는 통합결제인터페이스(UPI, Unified Payment Interface)를 자국의 대표적인 디지털 결제수단으로 키웠다. UPI는 인도중앙은행이 설립한 지급결제 자회사가 2016년에 개발한 무료지급 결제시스템이다. 수수료를 내지 않고, 모든 은행계좌로 자유로운 송금이 가능해 빠르게 확산됐다. 브라질중앙은행은 간편결제 플랫폼 PIX를 활용하고 있다. PIX는 개인 간은 물론 회사, 정부 등 공공기관 간의 고유 키를 통해 송금과 결제를 쉽게 해준다. 이와 비슷한 케냐의 M-PESA는 아프리카에서 큰 점유율을 갖고 있다.

미국과 유럽국가들이 주로 비자와 마스터 카드를 지급결제 수단으로 활용하고 있는 것에 비교하면 신흥국들은 기존 결제시스템을 건너뛰었다. 디지털 세상에서는 적어도 선진국들과 동일한 출발선에서 뛰고 있는 셈이다. CBDC를 준비하고 있는 미국이 실제로 CBDC를 내놓을지, 디지털 결제와 어떻게 연계할지 미지수다. 미국이 제시할

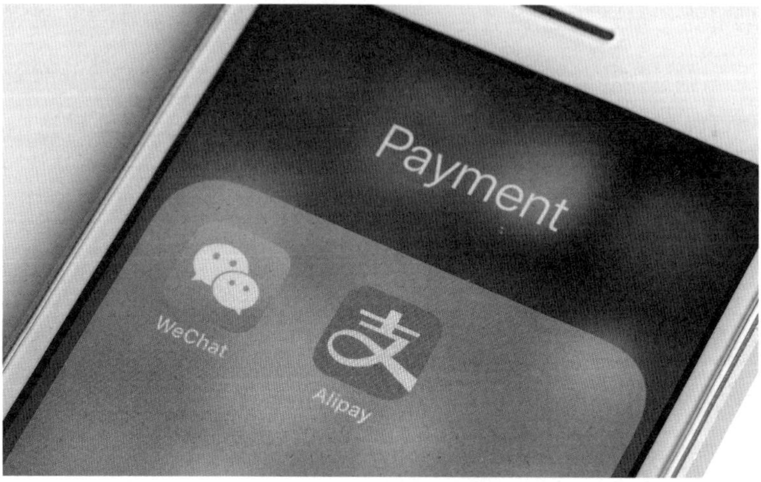

중국의 위챗페이와 알리페이는 디지털 결제분야에서 가장 비중이 높다. 인도, 브라질 등 달러 패권에 도전하는 국가들은 디지털 세상부터 선점하려는 모양새다.

디지털 지급결제 정책이 앞으로 금융 패권의 큰 흐름을 좌우할 것으로 예상된다.

미국에 환율과 금리를 맡긴 나라들

엄연히 독립국이지만 금융면에서는 미국의 경제식민지나 다름없는 나라들이 있다. 이 나라들은 자국 통화를 아예 달러가치에 고정(페깅)해 운용한다. 미국 달러가치는 미국 뉴욕에서 대서양 건너 런던, 파리, 프랑크푸르트를 지나 홍콩, 도쿄, 서울까지 돌면서, 사실상 24시간 내내 움직인다. 매일 실시간으로 결정되는 달러가치에 자국 화폐를 묶어두면 상대적으로 환율변동성이 낮아진다. 달러나 선진국 통화에 비해 신흥국이나 작은 나라들의 환율이 급변동하는 불가피한 현실 속에서 이들 국가는 달러의 안정성에 기대어 자국 통화정책을 미 연준에 맡겨버린 셈이다.

자국 화폐를 달러에 고정시켜두면 달러지수에 따라 그 화폐의 가치도 움직이는 것으로 볼 수 있다. 금리를 결정하거나 환율에 개입하는 등 자국 통화정책은 발목 잡히게 된다. 다만 재정정책은 펼칠 수 있다. 세금으로 예산을 편성해 국책사업을 펼치거나 국채를 발행해 자금을 조달하는 것은 가능하다. 하지만 달러에 연계(페깅)해 자국 통화를 운영하더라도 그 나라의 경제 기초체력이나 성장률 등에 따라 국채 이자율은 달라진다. 금리는 위험 프리미엄을 반영하기 때문에 성장률이 낮거나 경제가 약화된다면, 상환가능성도 떨어져 이자율은 올라가게 된다. 국채 가격이 떨어지는 것이다. 마치 유로존 국가들이 유로화를 사용하는 대신 금리결정을 유럽중앙은행(ECB)에 맡기는 것이나 비슷하다.

미국 달러에 묶어둔 홍콩 달러의 미래

달러 고정환율제를 운영하는 나라 중에 홍콩이 있다. 홍콩은 지난 1997년 7월 영국에서 중국으로 반환됐지만 특별행정구로서 중국의 대외금융 창구 역할을 맡고 있다. 선전, 상하이 등을 육성하려는 중국 당국의 의지가 강해 홍콩의 위상이 약화됐지만 여전히 싱가포르와 함께 아시아 금융허브다. 홍콩은 1983년 이후 1달러당 홍콩 달러 7.75~7.85에 묶여 있다.

홍콩의 파란만장한 외환제도를 보면 통화나 환율 등 금융시장이 얼마나 그 나라의 정체성과 연계됐는지 드러난다. 홍콩은 손문의 중화민국 시대 초기에는 위안화를 사용했고, 영국에 넘어간 다음에는 파운드화 스털링지역Sterling zone(2차 세계대전 이후 영국 파운드화를 중심으로 금융, 경제적으로 결합된 지역)에 편입됐다. 2차 세계대전 와중에 한때 일본에 점령당해 엔화가 법정화폐로 지정된 적이 있고, 전후 다시 스털링지역으로 복귀했으나 미국 달러 체제가 등장하면서 달러 고정환율제를 도입했다. 1997년 중화인민공화국으로 반환된 후에 별다른 변동 없이 달러에 고정된 환율을 유지했고 우여곡절을 겪었지만 아시아 외환위기도 피해갔다.

현재 미중 대결로 인해 홍콩의 통화체제에 새로운 논쟁이 벌어지고 있다. 위안화 페그제로 전환해야 한다는 주장이 대두되고 있는 것이다. 만일 홍콩 달러를 위안화에 연계한다면, 관리변동환율제 방식으로 환율을 조정하고 있는 중국이 외환관리에 어려움을 겪을 수 있다. 아시아 금융허브로서 홍콩 외환시장에서 거래되는 위안화 환율의 변동폭이 커지면, 매일 고시하는 위안화 환율이 영향을 받게 된다. '꼬리가 몸통을 흔드는' 돌발상황이 발생할 우려도 있다.

홍콩 외에도 달러에 대한 자국 화폐 환율을 고정해 통용하는 나라들이 많다. 사우디아라비아, 아랍에미리트, 바레인, 카타르, 오만 등 많은 중동 국가들이 달러 페깅제를 운용하고 있다. 바하마, 벨리즈, 바베이도스, 케이맨제도, 파나마 등 미국의 앞마당이라고 할 수 있는 카브리해 작은 나라들도 달러에 연동한 고정환율제를 채택하고 있다.

아예 미국 달러를 자국 화폐를 대체해서 사용하는 나라로는 남미의 에콰도르, 엘살바도르 등이 있다. 에콰도르에는 수크레라는 화폐가 있었지만 1990년대 경제위기를 겪으며 2000년부터 미국 달러를 대체해 사용한다. 아예 자국 화폐를 발행하지 않는다. 법정화폐로 미국 달러를 사용하면 통화정책이 미국에 묶이지만 높은 인플레이션에서 벗겨난다는 장점이 있다. 중남미 여러 나라들과 달리 에콰도르의 인플레이션 수준은 한 자릿수에 그쳐 국민들의 달러라이제이션 Dollarization에 대한 지지가 높다. 엘살바도르는 2001년에 자국 화폐 콜론을 달러와 통합했고, 2021년에는 암호화폐인 비트코인을 법정화폐로 인정했다. 베네수엘라는 자국 화폐인 볼리바르에 대한 불신이 강해서 상점에서 미국 달러를 더 선호한다.

정확하게 파악하기는 어렵지만 북한도 달러가 폭넓게 통용되는 나라로 꼽힌다. 장마당이라고 불리는 시장에서 북한 원화 대신 주로 달러와 함께 유로화, 위안화 등 외국 화폐가 교환의 매개로 사용되고 있다고 한다. 가장 적대적인 나라에서 발행된 종이화폐가 자체적인 법정화폐보다 더 큰 신뢰를 받고 있다는 점은 아이러니한 일이다.

경제 망가진 아르헨티나의 진퇴양난

2003년 당선된 아르헨티나 하비에르 밀레이 대통령은 대선공약에서부터 미국 달러를 법정화폐로 채택하고 중앙은행을 폐쇄하겠다고 밝혀 큰 관심을 끌었다. 연 200%대 초인플레이션에 시달리는 국민들에게 자국 화폐 대신에 달러를 사용하게 하겠다는 공약이었다. 밀레이는 2023년 12월 취임 직후 공식환율을 1달러당 400페소(중앙은행 홈페이지 기준)에서 800페소로 대폭 올려, 페소화가치를 낮췄다.

2019년 공식환율이 40페소였던 것과 비교하면 거의 휴지조각이라고 할 정도로 페소화가치를 떨어뜨렸다.

이 배경에는 사실상 파탄 상태나 다름없는 경제 상황이 있다. 아르헨티나는 20세기 초까지 농업 부국으로 선진국 문턱에 올랐다. 하지만 상식에 어긋나는 정책과 가스, 석유, 대중교통 등 각종 보조금을 남발하는 포퓰리즘 정책으로 재정은 고갈됐고, 아르헨티나는 이를 국채발행으로 메워왔다. 수년째 재정적자로, 국민들도 경제적 어려움을 겪고 있다. 2024년 2월 소비자물가는 전년 같은 달에 비해 276.2%, 1월에 비해 13.2% 상승했다. 1년 사이에 거의 3배까지 물가가 올랐다. 월급을 받고 마트에 가면, 가는 동안에 식료품 가격표가 달라질 정도로 최악의 인플레이션을 겪고 있다. 아르헨티나 중앙은행(BCRA)는 2023년 기준금리를 133%까지 올렸으나 물가를 잡지 못한 것으로 평가받고 있다.

아르헨티나는 페소화 대신 달러로 법정화폐를 바꿀 수 있을까. 이는 사실상 불가능하다. 달러가 통용되려면 아르헨티나 경제 규모에 걸맞은 정도로 달러 실물이 필요하다. 그러나 아르헨티나의 현 상황은 누적 재정적자가 심각한 상태이므로 그 달러를 조달하기가 어렵다. 아르헨티나가 국제통화기금이나 중남미개발은행 등 국제기구에서 달러를 구할 수 있지만 규모는 크지 않다. 대신 밀레이 대통령은 이 공약을 이유로 초인플레이션을 잡기 위해 전격적인 화폐개혁을 단행할 수 있다. 비트코인까지 통화정책에 언급하고 있는 그가 어디까지 나아갈지 지켜볼 일이다.

6

미국 달러 눈치 보는 일본과 유로존

일본의 부활을 끌어낸 슈퍼엔저 정책

일본 엔화 환율은 다른 나라들과 전혀 다른 양상을 보여준다. 일본경제가 장기침체에서 벗어나지 못하는 현실을 반영해 엔화는 오랜 기간 달러, 유로화 등 주요국 통화에 비해 초약세를 지속했다. 그러다 2024년 초 일본의 시장지표들이 새로운 양상으로 접어들었다. 엔화 환율은 1달러당 150엔까지 치솟았다. 심리적 저항선으로 여겨지는 환율이었다. 엔화가치가 크게 떨어지면서 일본에 대한 투자 매력이 되살아났다. 중국에서 이탈한 자금과 외국인 투자자들이 유입돼 주가를 밀어 올렸다. 일본증시는 1990년 1월 거품경제 시절까지 회복했다. 일본의 대표 주가지수인 니케이 평균주가는 3만 8,157엔까지 상승해, 34년 1개월 만에 처음으로 3만 8,100엔을 넘어섰다. 일본경제가 '잃어버린 30년'을 탈출해 다시 부활하는 신호탄으로 해석되기도 했다.

엔화 환율이 높아진 것은 일본 국내 요인과 세계시장 여건을 볼 때 당연한 결과다. 미국 등 주요국과 달리 일본은 '거꾸로' 통화정책을 유지해왔기 때문이다. 미 연준을 비롯한 주요국 중앙은행들이 금리 인상을 요구해왔지만, 일본은행은 정책금리 -0.10%로 '버티기'를 고수했다. 한때 유럽 중앙은행과 스위스, 덴마크, 스웨덴 등이 마이너스 기준금리를 운용했지만 별다른 효과를 보지 못하고 플러스금리로 전환한 것과 다른 양상이다. 전 세계에서 유일하게 마이너스금리를 유지한 것이다. 2022~23년 미 연준이 기준금리를 5.25~5.50%까지 자이언트스텝으로 인상할 때도 마찬가지였다. 미일 금리차는 5.60%포인트까지 확대됐다. 자연스럽게 달러 대비 엔화가치가 하락했다.

일본이 마이너스금리를 유지했던 것은 사실 불가피한 선택이었다. 오랫동안 디플레이션 늪에서 헤어나지 못해 금리를 인상할 여건이 없었기 때문이다. 일본은행은 소비자물가 상승률 2%를 목표로 장기적인 통화정책을 수립했다. 마이너스금리를 통해 은행 대출을 용이하게 하고 기업과 소비자가 더 많은 돈을 빌려서 투자와 소비하도록 장려한 것이다. 하지만 경기침체 국면에서 벗어나지 못했고, 물가는 오르지 않았다.

2012년 12월 또 한 번 총리에 오른 아베 전 총리가 아베노믹스를 도입해 일본 엔화의 약세 기조를 본격적으로 이끌었다. 아베노믹스는 대폭적인 금융완화와 재정투입, 성장전략, 세 가지 화살을 중심으로, 엔저는 금융완화 주요정책 중 하나였다. 핵심은 경제회복을 위해 막대한 자금을 푸는 양적완화였다. 아베노믹스를 이끌었던 일본은행 구로다 총재는 2년간 통화량을 2배로 늘려 1달러당 80엔대인 환율을 100엔 선으로 올려 엔화가치를 끌어내리겠다고 공언했다. 2012년 11월까지는 80엔대를 유지했으나 2013년 5월 100엔대를 돌파해 엔화가치가 25%가량 하락했다. 하지만 경기침체 국면에서 벗어나지 못했고, 물가는 오르지 않았다. 일본은행은 0%까지 정책금리를 내렸으나 경기 회복이 이뤄지지 않자 -0.10%까지 금리를 낮췄다.

아베노믹스 이후 엔화가치는 세계 경제 여건에 따라 오락가락했지만, 큰 방향은 엔저 기조를 지속했다. 아베노믹스 초기에 1달러당 80엔대였던 환율은 2014년 100엔대, 2019년 110엔대까지 올랐다. 2022년 6월에는 132엔을 돌파해 엔화가치가 20년 만에 최저치까지 떨어졌다. 일본은 초엔저 현상을 장기간 지속하면서 마침내 디플레이션 악몽에서 벗어날 계기를 마련했다.

미국이 초엔저정책 묵인했나

세계 금융시장에서 일본의 초엔저정책은 암묵적인 지지가 있었을 것이라고 추정할 수 있다. 대부분의 국가는 환율을 높게 유지하려는 경향이 있다. 환율이 높으면 자국 기업들의 대외 경쟁력이 상대적으로 높아져 무역흑자를 내게 되기 때문이다. 대체로 환율전쟁이라고 하면 각국이 서로 통화가치를 낮추기 위해 고환율정책을 펴는 것을 말한다.

환율은 다양한 변수에 따라 움직이지만 기준금리가 크게 작용한다. 이에 따라 일본이 초엔저를 지속해온 것은 장기간 마이너스금리 정책을 해온 것이 핵심 요인이었다. 지난 2020년 이전에 일본이 오랜 디플레이션의 늪에 빠져 있어서 제로금리 정책으로도 모자라 기준금리를 마이너스까지 내린 것은 비정상적인 조치였다. 더구나 코로나19 팬데믹 위기 이후 미국이 2022년 3월부터 빅스텝, 자이언트스텝을 밟으면서 급속히 금리인상을 한 이후 미일 금리차는 5.60%에 달했다.

이로 인해 일본의 마이너스 금리와 수익률곡선통제(YCC) 정책은 미국의 묵인이 있었기 때문에 가능했을 것이라고 추정할 수 있다. 초저금리, 마이너스금리를 지속한 것은 사실상 환율 개입이나 조작이나 다름없다. 환율조작국으로 낙인 찍히지 않으면서도 장기간 마이너스금리를 유지하는 건 미국이 인정하고 지지하지 않았다면 지속 불가능한 일이다. 아베노믹스를 이끈 아베 전 총리는 첫 임기 때 미국 부시 대통령과의 밀월관계를 보여줬고, 2기 임기 때 오바마, 트럼프 대통령과 강력한 동맹관계를 과시했다.

이들의 관계를 좀 더 과거로 올라가 살펴보자. '플라자합의'라는 사건이 있다. 미국이 급부상하던 일본과 독일을 견제하기 위해 엔화와 마르크화의 대폭적인 평가절상을 압박해 합의를 이끌어낸 협정이다. 미국의 자리를 넘보며 세계 1위 경제력을 지닌 국가로 발돋움하려던 중요한 시점에 플라자합의로 인해 일본 경제는 거품경제로 이어졌고, 거품붕괴 이후 장기간 디플레이션 악몽에서 헤맸다. 일본의 경제정책 실패와 패착이 덧붙여졌지만 플라자합의는 미국이 일본에 진 빚이고, 지난 10여 년 초엔저는 미국이 뒤늦게 빚을 갚기 위해 묵인해준 '역 플라자합의'인지도 모른다. 미국과 일본의 밀월관계를 고려하면 일본이 미국의 양해를 구했을 가능성을 배제할 수 없다.

일본의 경상수지 흑자는 미국에도 도움이 된다. 전 세계 국가의 외환보유고 중 일본은 미국채 규모가 가장 높다. 중국이 한때 1위였으나 지속적으로 미국 달러의 비중을 낮춰왔다. 미 정부로서는 미국채를 인수해주는 최대 고객이 일본이다. 미국은 국채를 발행해 세계 금융시장에 달러표시 자산을 공급하고, 미국채는 시장에 유통되면서 사실상 달러 체제가 돌아가게 하는 파이프라인 역할을 한다.

일본 입장에서도 불리하지 않다. 일본의 마이너스금리와 미국의 고금리는 일본 투자자들이 미국채 등 자산을 매입하거나 직접투자에 나서게 하는 유인이다. 일본의 상업은행에 예금해두면 이자를 거의 받을 수 없지만 미국채를 매입하면 고금리에 따른 이자수입이 생긴다. 일본기업은 미국에 공장을 짓거나 진출하기가 쉬워진다. 일본에서 사실상 제로금리로 자금을 조달해서 미국에 투자하면 일본에 투자할 때와 비교해 상대적으로 높은 수익률을 거둘 수 있다. 엔 캐리트레이드Carry Trade(금리가 낮은 엔화를 빌려 금리가 높은 국가의 자산에 투자하는 행위) 대상으로서 미국은 유망한 투자처다.

더욱 중요한 요인은 바로 미중 대결과 진영 구축이다. 일본과 미국은 전후 미일 동맹으로 긴밀한 관계를 유지해왔고, 미중 대결이 격화

엔달러 환율 추이

(단위=엔달러)

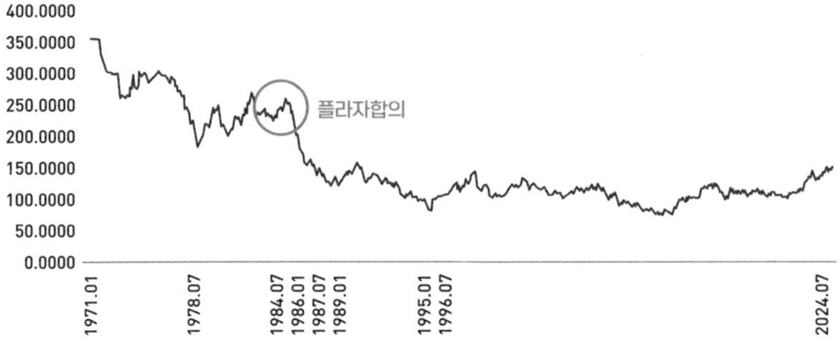

자료=한국은행

* 월평균 환율 기준

되는 시점에 일본은 더욱 분명하게 미국 편들기에 나섰다. 미국은 일본을 동아시아에서 중국에 맞서는 핵심국가로 보고, 미국, 일본, 호주, 인도로 구성된 쿼드(Quad)와 14개국 인태경제프레임워크(IPEF)의 중심축으로 내세운다. 미국, 영국, 호주로 구성된 오커스(AUKUS)에 일본을 포함시켜 조커스(JAUKUS)를 확대하는 방안이 진행 중이다. 중국-러시아-이란-북한으로 이어지는 새로운 진영 구축은 미국을 비롯한 유럽 선진국과 일본의 동맹관계를 더욱 견고하게 하고 있다. 대만해협을 둘러싼 긴장관계가 고조될수록 미일 밀착관계는 더욱 가속화될 것이다.

엔저를 두고 엇갈리는 이해관계

환율에 따라 한 국가 내에서도 울고 웃는 이들이 갈린다. 일본의 경우 유례없이 오랫동안 마이너스 금리정책을 펼친 만큼 울고 웃는 이들이 많았다. 소비자물가지수를 목표로 삼아 금리정책을 펼지는 중앙은행, 수출기업과 수입기업의 입장, 소비자이자 국민의 실생활 등을 통해 일본뿐만 아니라 환율 세계의 이해타산을 명확히 살펴볼 수 있다.

일본의 오랜 숙원이었던 소비자물가지수 2%대 상승이 3년째 지속되고 있다. 2023년 3.1% 상승은 40여 년 만에 3%대를 기록한 획기적인 사건이었다. 마이너스금리 정책 덕이기도 하지만 급변하는 대외 여건도 도움이 됐다. 러시아의 우크라이나 침공으로 에너지 가격이 급등하고 미중 대결로 공급망 재편과 첨단기술 수출 통제가 이뤄졌다. 인플레이션을 기대하는 일본경제 입장에서는 크게 반길 여건이 형성됐다. 실제로 코로나19 팬데믹 위기 때 풀린 유동성으로 인해 전 세계 주요국들은 높은 인플레이션을 겪었다. 주요국들이 물가안정을 위해 공격적으로 금리를 인상했던 것과 달리 일본은행은 -0.10% 정책금리와 수익률곡선통제(YCC) 정책을 지속했다. 그후 주요국 중앙은행들이 금리인상을 중단하고 금리인하 쪽으로 타이밍을 잡고 있는 반면 일본은행은 금리인상 시기를 저울질했다. 이 모든 것을 기반으로 일본은 2024년 3월 19일 금리정상화 조치를 단행해 정상국가의 길로 들어섰다. 2024년 초 닛케이 평균주가가 4만 엔을 돌파하고 상장기업 영업이익이 사상 최고치를 경신했다.

높은 엔화 환율은 수입물가를 높여, 소비자물가 상승에 크게 기여했다. 예를 들어 미국산 소고기 1kg이 100달러일 때, 1달러당 100엔에서 150엔으로 환율이 올랐다고 가정해보자. 이때 같은 소고기 1kg이 일본에 수입되면 1만에서 1만 5,000엔으로 가격이 상승한다. 초엔저정책으로 인한 소비자물가 상승은 경제 성장과 디플레이션 극복을 목표로 한 일본정부의 성공지표다. 하지만 물가상승으로 인해 소비자들의 생활비 부담이 증가했다.

반면 일본 수출기업들이 초엔저로 인해 큰 이득을 얻었다. 환율이 크게 상승하면 수출 가격을 인하할 수 있는 여지가 생긴다. 일본 대기업들은 자동차, 전기전자 분야에서 품질과 브랜드 평판이 좋아 가격을 내리지 않더라도 수출실적을 유지한다. 중소기업들은 부품 소재 분야에서 경쟁력을 갖고 있고, 반도체 관련 장비와 소재 분야에서 세계 공급망의 핵심 고리를 점유하고 있다.

실제로 일본기업의 수익성이 크게 개선돼 일본증시는 사상 최고치를 넘어섰다. 주요 기업들이 사상 최대 이익을 기록했다. 3월 결산법인이 대부분인 일본 도쿄증시 상장기업의 영업이익은 2020년 28조 2,236억 엔에서 2023년 47조 2,218억 엔으로 늘었고, 2024년 3월 기준 55조 엔을 넘어설 것으로 전망된다. 토요타, 소니, 닌텐도, 혼다, 히타치 등의 기업들이 세계 경쟁력을 토대로 높은 주가를 기록했다. 또한 미일 반도체 동맹과 일본정부의 대대적인 지원, 대만 TSMC의 일본공장 가동으로 인해 반도체 분야가 새롭게 떠올랐다. 반도체 장비 회사인 도쿄일렉트론은 도쿄증시 사가총액 3위에 올랐다.

엔화가치 상승에 베팅한 워런 버핏

이런 일본의 경쟁력을 외국인 투자자들이 보고만 있을 리가 없다. 특히 워런 버핏의 행보가 눈길을 끌었는데, 그가 CEO로 있는 버크셔 헤서웨이가 대규모 투자를 했기 때문이다. 버핏은 2020년 8월 미쓰비시, 이토추 등 일본의 5대 종합상사를 5%씩 매입했다고 밝혔다. 그 후 예고한 대로 추가 매수해 각 종합상사별로 9% 이상 사들였다. 미국 이외 주식투자로는 가장 큰 규모를 일본증시에 투자했다. 기본적으로 종합상사의 가치가 낮게 형성돼 있어 투자대상으로 삼았을 테지만, 더욱 중요한 것은 엔화가치가 장기적으로 상승할 것이라고 판단한 것으로 보인다. 버핏의 최초 투자 시점에서 볼 때 일본이 오랜 디플레이션에서 탈출하면 마이너스금리를 더 이상 유지하기 어려워질 것이고, 이는 곧 긴축 통화정책으로 전환되고 엔화는 강세로 반전될 것이라고 예측할 수 있다. 실제로 일본정부가 고질적인 디플레이션 늪에서 탈출하기 위해 통화정책을 펼치고 있었고, 2020년 이후 세계 인플레이션 흐름 속에서 일본 역시 2% 물가상승 목표를 달성하면서 통화정책의 정상화는 시기의 문제일 뿐 방향은 이미 정해져 있었다. 버핏의 투자 의사결정의 배경에는 환율이 큰 요인으로 자리잡고 있는 셈이다.

엔화가 강세로 바뀌면 버핏은 종합상사 주가 상승으로 인해 차익뿐만 아니라 엔화가치 상승으로 인한 환차익까지 이중으로 이익을 얻게 된다. 대표적인 장기투자자로 꼽히는 워런 버핏이 일본의 대표적인 기업을 사들인 것은 일본의 장기 전망을 밝게 본다는 점을 널리 알리는 효과를 거두었다. 실제로 중국에서 이탈한 투자자들이 일본으로 몰려들었고 외국인 투자가 지속적으로 늘어났다.

여기에다 일본정부와 도쿄증권거래소가 진행해온 레벨업 정책이 효과를 보였다. 자산대비주가비율(PBR)이 1 이하인 기업에 적극적인 주주환원정책을 시행하도록 하는 등 다양한 제도를 개선했다. 이에 따라 행동주의 투자자들의 활동이 활발해졌다. 무엇보다도 주주환원정책을 제대로 이행하지 않은 상장기업 명단을 매달 발표하겠다고 한 것이 큰 역할을 했다. 일본 사회의 분위기에서 '블랙리스트'에 선정된다는 것은 해당 기업이나 경영자 입장에서 크나큰 불명예이자 오명을 남기게 된다. 일본 사회의 특성을 고려하면 불이행 상장기업

최근 일본 현지 뉴스의 헤드라인은 연일 엔화 약세, 임금, 투자자 등이다. 엔화 약세는 해외 투자자들의 투자를 이끄는 한편, 일본정부는 적극적인 통화정책으로 금리를 정상화했다. 목표였던 물가상승률 2%를 성취한 데 이어 일본은행은 기업의 노동자 임금 인상과 물가 상승의 선순환이 강해지고 있다고 평가하고 있다.

명단을 공표하는 것은 경영자들에게 큰 부담이 될 수밖에 없다.

기업, 투자자만큼 직장인들의 삶도 나아졌을까. 2024년 '춘계투쟁'에서 민관이 합심해 노동자의 '대승'을 응원했다. 매년 봄 노동조합이 연대해 임금 인상 등 공동투쟁을 벌이는데, 정부와 대기업, 경제단체들이 앞장서서 높은 임금 인상을 요구한 것이다. 대체로 임금-물가상승 악순환Wage Price Spiral은 경제정책을 운영하는 데 큰 부담이다. 임금이 오르면 기업이 제품 가격을 인상해 물가가 상승하고, 실질임금을 보전하려는 노동자들이 다시 임금 인상을 요구하게 된다. 이러한 상황이 되풀이되면 기대 인플레이션을 자극해서 물가 잡기가 힘들어진다. 1970년대 미국의 '그레이트 인플레이션' 당시 이런 현상이 일어났고, 폴 볼커 의장이 초금리정책을 펼치며 어렵게 물가를 잡은 바 있다. 하지만 일본은 임금-물가상승 악순환을 물가상승세를 굳히는 '선순환'을 가져올 핵심고리로 여기고 있다. 경단련은 2023년 임금인상률을 3%로 제시했고, 2024년에는 4%를 권고했다. 여러 대기업들이 4~7%까지 높은 인상을 발표했고, 평균 임금인상률이 5% 후반으로 높게 나타났다.

유럽 통합의 상징, 유로존

유로화는 미국 달러에 이어 세계 금융시장에서 핵심적인 역할을 한다. 여러 나라들의 외환보유고와 SWIFT 결제통화로 유로화는 2위 자리를 지키고 있다. 세계 금융시장은 달러 기축통화를 중심으로 움직이지만 유로화는 유럽연합, 서방 진영의 한 축을 담당한다. 미국 달러와 유로화, 여기에 엔화를 합치면 전 세계 지급결제의 대부분을 차지한다. 세계 경제와 외교안보를 주도하는 G7체제의 근간은 달러와 준기축통화인 만큼 유로화도 세계 권력을 읽는 중요한 요소다.

유로화는 전후 상대적으로 위축된 유럽이 단일 시장으로 가는 길을 지탱하는 버팀목이다. 지정학적 긴장이 고조되고 자국우선주의가 강해지고 있는 시점에 유로화는 경제와 금융 부문에 머물지 않고 정치, 외교, 사회적인 역할이 덧붙여지고 있다. 세계 금융시장에서 신뢰를 받는 통화는 외환위기에서 자유롭고, 외부의 공격에 효율적으로 대응할 수 있다. 유로화는 단순히 무역과 자본거래 수단뿐만 아니라 유럽지역의 경제안보를 지키는 수단이다. 그 탄생배경부터가 그렇다.

유럽 주요 국가들이 오랜 논의를 거쳐 유럽연합을 출범하고 통화통합을 급진전시키기까지, 가장 큰 촉매제는 통일독일이었다. 2차 세계대전 이후 영국, 프랑스, 러시아 등 전승국과 독일, 이탈리아 등 패전국으로 나뉘어 적대적 관계가 형성됐다. 나중에 미국과 소련의 냉전이 격화되면서 독일을 포함한 서유럽을 아우르는 서방 진영과 소련을 중심으로 동유럽 위성국가들이 포진한 공산 진영으로 맞서게 됐다. 미국은 마셜플랜Marshall Plan(2차 세계대전 이후, 미국이 서유럽 16개 나라를 대상으로 한 대외원조계획)으로 서유럽의 전후 복구와 경제발전을 지원하고 북대서양조약기구(NATO)로 공동안보 체제를 구축했다. 이 과정에서 독일은 라인강의 기적이라 불리는 경제회복을 통해 유럽의 강자로 거듭났고 미국, 일본에 이은 3대 경제대국으로 자리잡았다.

통일독일의 등장은 유럽 대륙의 판도를 뒤흔들었다. 각 나라가 서로 국경을 맞대고 있는 유럽은 1, 2차 세계대전 때 전장이 돼 크나큰 피해를 입었다. 수많은 물적, 인적 피해를 초래한 두 차례 전쟁 모두 독일이 주도적으로 일으켰다는 사실은 쉽게 잊을 수 없었다. 유럽연합이 급속도로 진전된 것은 통일독일을 그 틀 속에 묶어둬야 한다는 암묵적인 동의가 강한 추동력이 됐다. 20세기 초반 유럽석탄철강공동체 등으로 경제협력 체제가 구축됐지만 복잡한 이해관계 때문에 실질적으로 통합하는 데 어려움이 있었다. 일본과 중국 경제가 급부상하고 세계 유일 초강국 미국에 상대적으로 위축된 유럽 여러 나라들이 통합해서 맞대응하려는 유럽 여러 나라들의 의지가 유럽연합 출범으로 이어졌다.

유럽연합은 1993년 초기 15개국으로 출범했고 나중에 소련 해체 후 동유럽 국가들이 가입해 27개국으로 확대됐다. 1951년 파리조약에 따라 출범한 유럽석탄철강공동체를 기원으로, 1957년 유럽경제공동체로 확대됐으며 1993년 마스트리히트 조약에 따라 본격적으로 출범했다. 행정부 격인 유럽연합 집행위원회와 이사회는 벨기에 브뤼셀에, 유럽의회는 프랑스 스트라스부르에, 사법재판소는 룩셈부르크에 분산 배치돼 있다. 유로화를 운용하고 통화정책을 담당하는 유럽중앙은행은 독일 프랑크푸르트에 위치하고 있다.

유럽연합이 출범하고 6년 후인 1999년 1월 유로화가 도입됐다. 그 바탕에는 1986년 유럽통화동맹(EMU) 체제가 있다. 유럽연합을 결성하는 과정에서 정치적·경제적 공동체로서의 의식은 갖고 있었음에도 불구하고, 단일통화를 만드는 건 그만큼 또 하나의 큰 과제였다. 각 나라별로 경제 규모와 여건, 정책 등이 서로 다르지만 같은 통화를 채택한다는 것은 큰 모험이다. 한 나라의 경제정책 중에서 중요한 통화정책을 다른 쪽에 맡기는 것이기 때문이다. 형식적으로는 통화주권을 여러 나라가 공유하는 형태이지만, 실제로는 한 나라가 단독으로 가지는 통화주권은 포기하는 것이다. 유럽연합은 유로화를 도입함으로써 역사적인 실험에 돌입한 것이기도 하다. 유로화는 유럽연합의 단일통화로서 통합의 상징이자 핵심성과이다.

유럽연합 내의 모든 국가가 유로화를 사용하는 것은 아니라, 유로화를 사용하는 국가를 유로존으로 지칭한다. 유로존은 1999년 1월 1일자로 유로화를 사용하는 단일시장으로 출범해 먼저 은행 간 결제에 화폐단위로서 활용됐고, 실물화폐는 2002년 1월 1일부터 통용되었다. 여러 나라의 사람과 상품, 자본과 서비스가 마치 한 나라처럼 단일시장으로 자유롭게 움직이는 것이 유로존의 목표다. 통화정책을 맡을 유럽중앙은행(ECB)이 설립됐고, 주로 독일의 분데스방크를 모델로 운영된다. ECB가 통화정책을 전담하면서 유로존 국가들은 나라별로 금리나 환율을 결정할 수 없게 됐다. 다만 재정정책을 회원국들이 독립적으로 펼 수 있다. 유로존은 출범 당시 11개국이었고 이후 20개국으로 늘어났다.

나중에 가입한 나라들은 그리스(2001년)에 이어 슬로베니아, 몰타, 키프로스, 에스토니아, 라트비아, 리투아니아, 크로아티아 등 주로 동유럽 국가들이다. 모나코, 산마리노, 바티칸 시국, 안도라 등 유럽의 소국들이 유럽연합과 협정을 맺고 유로를 사용한다. 유로화를 사용하는 전체 인구는 3억 4,000만 명이다. 유로존에 가입하려면 재정적자가 GDP의 3% 이내, 국가부채 GDP의 60% 미만이어야 한다는 조건을 충족해야 한다. 2년간의 모니터링을 거쳐 가입승인을 받을 수 있다. 영국은 유럽연합 회원국이었으나 유로존에 참여하지 않았다. 영국은 국민투표로 유럽연합 탈퇴를 결정한 브렉시트를 거쳐 2020년 1월에 회원국에서도 제외됐다.

유로화는 은행 간 대출시장은 물론 각 나라별로 유로화표시 국채와 회사채 등이 발행돼 세계 금융시장에서 위상을 높여왔다. 유로화는 지폐와 주화의 형태는 동일하지만 각 나라별로 다른 디자인과 문양으로 발행된다. 화폐 단위가 유로로 통일돼 있어 유로존에서 통용되고 유럽연합 회원국은 물론 유럽 지역에서 광범위하게 통용된다. 또한 중국의 적극적인 위안화 국제화라는 거센 충격에 함께 대응하고 있다. 유로존은 가입국들의 거시경제 정책의 공조체제, 유로화표시 국채와 회사채를 중심으로 한 자본시장, 국경 간 지급결제와 시장시스템 등을 진화시켜왔다. ECB는 디지털유로화, 즉 중앙은행 디지털화폐(CBDC)를 소매금융에 적용하는 것을 목표로 시스템을 준비 중이다.

유로달러 환율 추이

(단위=유로달러)

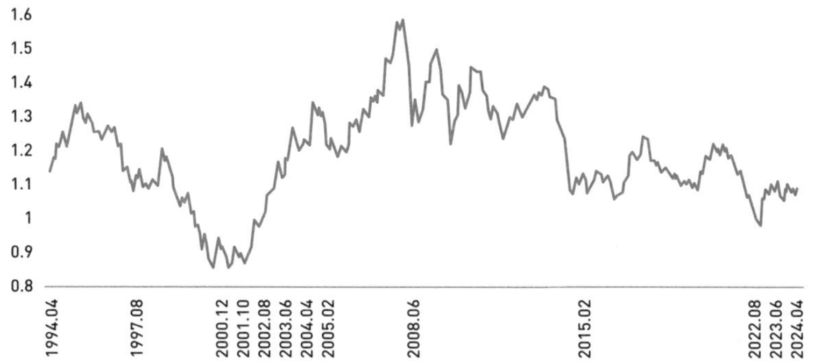

자료=한국은행

* 월평균 환율 기준

유로존 출범 때 환율은 1유로당 1.1697달러로 책정됐다. 여러 차례 맞은 위기 국면에서 유로화가치가 크게 떨어지기도 했으나 2024년 초 유로달러 환율은 1유로당 1.08~1.9달러를 보였다. 코로나19 팬데믹 위기와 러시아와 우크라이나의 전쟁으로, 공급망이 붕괴되고 에너지 가격이 급등해 유럽경제가 더 큰 타격을 입었다. 유로존은 한때 10%가 넘는 높은 인플레이션을 겪었고 유럽의 경제 엔진이라고 할 수 있는 독일경제를 비롯해 유럽 주요 국가들의 성장률이 떨어져 유로화 약세로 이어졌다. 하지만 유럽회복기금을 활용해 코로나19 팬데믹 위기를 극복하며 유럽 단일통화로서 자리를 굳혔다.

부의 격차를 더 벌린 유로존의 역설

유로존에 참여한 나라들은 내부적으로 보면 고정환율제를 채택한 것이나 다름없다. 만일 가상의 자국 화폐가 있다면 1대 1로 유로화가치에 묶어두는 것과 같다. 유로화를 사용하는 유로존 국가들은 마치 한 나라 같다. 환율과 금리가 동일하고, 물건을 사고팔 때나 회원국끼리 무역할 때, 모두 유로화로 결제한다. 적어도 통화를 기준으로 한 금융시장은 단일화됐다.

대외적으로도 하나로 돌아간다. 유로존과 미국, 중국, 일본 등 다른 나라 사이에는 환율이 생긴다. 유로화를 중심으로 달러, 위안, 엔, 파운드 등 다른 나라 통화와 비교해 가치가 각각 결정된다. 세계 금융시장에서 유로존 전체가 하나의 단일 국가처럼 움직인다. 국경을 넘어선 무역과 자본거래는 유로화 환율에 영향을 받는다. 미 연준이 금리를 인상하거나 인하하게 되면 곧 바로 유로존도 영향을 받는다. ECB는 미국의 기준금리 결정과 방향을 보고 유로화의 기준금리를 정한다. 2022년 이후 미국이 공격적인 금리인상을 지속해 5.5%까지 올렸을 때 ECB도 4.5%까지 인상했다. 대체로 미 연준의 행보에 보조를 맞추는 통화정책을 보인다. 높은 인플레이션이나 고용, 공급망 재편 등 서방 선진국들이 직면한 현안들이 비슷한 여건이기도 했지만, 경제적으로나 외교안보 측면에서 미국과 유럽연합은 한 배를 탄 거나 다름없다. 러시아의 우크라이나 침공과 중국의 급부상 이후 서방 진영의 공조와 연대는 더욱 강화되고 있다.

겉으로 보기엔 평화롭지만 한 발 더 들어가면 유로존 내부의 속내는 훨씬 복잡하다. 미국의 50개 주가 각각 삼권분립을 유지하고 자치하지만, 달러화를 채택하고 미 연준의 통화정책을 펼치는 것과 마찬가지다. 미국 각 주와 유럽연합 내 유로존 가입 국가들이 거의 같은 입장이다. 차이가 있다면 미국은 각 주의 재정 상태나 경제 여건에 따라 연방정부가 지원하지만 유로존 국가들은 기본적으로 독립적인 재정정책을 통해 자국의 경기를 조정해야 한다.

통화정책과 재정정책 간의 괴리

통화정책은 전적으로 ECB에 맡기고, 유로존 국가들은 재정정책만 펼칠 수 있다는 현실은 많은 문제점을 보여준다. 유로존은 출범 초

독일 프랑크푸르트에 위치한 유럽중앙은행은 유로화 발행의 독점권을 갖고, 유로존의 물가를 안정시키는 데 집중해왔다. 하지만 유럽 전반적으로 경제체력이 약해지면서, 유럽중앙은행의 고심도 깊어지고 있다.

기부터 독일, 프랑스 등 경제 기초체력이 탄탄한 핵심부 국가들과 스페인, 이탈리아, 그리스 등 재정이 약한 주변부 국가들이 참여했다. ECB가 정하는 기준금리는 유로존 전체를 아우른다. 통합 이전과 비교하면 주변부 나라들은 국채를 발행할 때 적용하는 금리가 낮아지는 이점을 누리게 되었다. 나라의 국채금리에는 경제 기초체력과 국가신뢰도가 반영돼 큰 차이가 났는데, 제조업 강국인 독일은 유로화 통합으로 상대적으로 높은 환율을 적용받고, 주변부 나라들은 상대적으로 낮은 환율을 적용받는다. 각 나라의 경제 기초체력을 반영하지 않고 종합적으로 통화가치가 결정됨에 따라 당초 강세 통화는 약세 쪽으로, 약세 통화는 강세 쪽으로 움직이게 되었다.

유로화에 포함된 나라 전체를 기준으로 통화가치가 정해지다 보니 주변부 나라들 입장에서는 기존에 통용되었던 자국 통화보다 더 강한 통화를 갖게 되고, 조달 금리가 더 낮아지는 효과를 얻었다. 그리스, 포르투갈, 스페인 등은 자금을 더 쉽게 조달할 수 있게 되자 더 많은 외채를 끌어왔다. 주로 유로존 내 경제 강국인 독일, 프랑스 쪽에서 주변부 나라들로 자금이 이동했다. 국채수익률이 높고 상대적으로 고성장을 지속했기 때문에 자본이익률이 높은 쪽으로 자금이 흘러가는 것은 당연한 일이었다.

경제 기초체력이 약한 나라들이 무역적자를 해소하려면 조달한 자금을 제품경쟁력을 높이는 쪽으로 투자를 하는 게 맞는 방향이었다. 하지만 이들은 부동산 건설투자와 관광 쪽에 초점을 맞추었다. 건설투자가 확대되면서 부동산 가격이 상승하고 다시 담보가치가 높아져 대출이 늘어나 부동산 가격을 다시 끌어올렸다. 전형적인 부동산버블 발생 과정을 그대로 밟았다. 부의 효과에 고무된 개인들이 과소비를 하게 되고, 경상수지 적자누적과 재정부실화가 진행되면서 국가 전체적으로는 경제체질이 약화됐다.

부동산거품 속에서 살고 있던 이들 국가들이 2008년 세계 금융위기를 맞게 되자, 미국과 유럽 주요 금융회사들은 대규모로 자금을 투자했던 신흥국과 남부 유럽국가를 중심으로 자금 회수에 나섰다. 외채부담은 더욱 커지고, 재정은 점차 부실해졌다. 결국 그리스가 도화

선이 됐다. 그리스는 유로존 출범 당시 가입조건을 맞추지 못해 1년 뒤에 가입했지만 나중에 몇 가지 통계를 조작한 것으로 드러났다. 경제 여건이 취약했던 그리스는 포퓰리즘 정부가 복지비용을 지출하고 세수는 제대로 확보하지 못해 재정이 부실해졌다. 외부 자금을 조달해 세수 결손을 메웠지만 지속불가능한 일이었고 결국 금융위기에 빠졌다.

PIIG(포르투갈, 아일랜드, 이태리, 그리스) 국가들이 거의 비슷한 과정으로 부실의 늪에 빠져들었다. PIIG 국가들은 유럽안정기금 등에 힘입어 어렵게 위기국면을 벗어났지만 한때 유로존 붕괴 위기까지 거론될 정도로 심각한 상황으로 치달았다.

역내에서 각 나라가 개별 통화를 보유하고 있다면 환율이 자동조정장치로서 두 나라 사이에 균형을 찾아준다. 무역흑자국은 외화 유입으로 자국 통화가치가 상승해 교역조건이 악화된다. 반면 무역적자국은 외화 공급이 줄어들어 자국 화폐가치가 하락해 교역조건이 호전되고 국내 물가하락과 수출 증가로 이어진다. 이로 인해 양국 사이에 균형이 회복되고, 이 과정에서 환율이 중요한 역할을 한다. 바로 환율의 자동조절기능이 작동하는 것이다. 만일 환율이 자동적으로 균형점을 찾아주는 쪽으로 움직이지 않으면 국가가 외환시장에 개입해 환율을 높여 인위적으로 기업의 수출경쟁력을 높이는 정책을 펼 수 있다. 시장 상황에 대해 정부가 원하는 방향을 넌지시 제시하는 방식으로 구두개입을 하든 직접 외환시장에 개입하든지 환율에 영향을 미칠 수 있다. 하지만 유로존의 경우는 유로 단일통화로 통합된 나라들끼리 동일한 통화를 사용하고, ECB가 통화정책을 종합적으로 맡고 있어 환율이 동일하다. 각 회원국이 나서서 환율에 개입하거나 영향을 줄 수 있는 수단이 없다.

많은 난제 안고 있는 유로화의 미래

통화정책을 유럽중앙은행에 맡기고 재정정책은 나라별로 펴는 방식에는 모순점이 있다. 통화정책과 재정정책이 분리되고 핵심 국가들과 주변부 국가들의 격차 확대라는 결과가 바로 그 증거다. 유럽연합은 2003년 말 재정준칙을 개편하는 것으로 재정위기를 극복하려 노력했다. 유럽연합은 녹색경제과 디지털 전환, 에너지 안보를 위한 투자와 인구변화 대응 등에 적극적인 입장이다. 재정준칙 개정은 국가의 재량권을 확대하고 내용을 간소화해서 실질적인 집행방안을 마련하도록 유지하는 데 초점이 맞춰졌다. 개혁과 투자 활성화를 유도하기 위해 부채감축 기간을 유연하게 적용했다.

기존 재정준칙은 과도하게 엄격해 실제로 잘 지켜지지 않았다. 기존의 재정준칙은 마스트리히트 조약에 따라 국가부채 GDP의 60% 미만, 재정적자는 GDP의 3% 제한을 주요 내용으로, 안정성장 협약을 비롯해 여러 협약으로 구성됐다. 이를 개정한 준칙은 기존 핵심내용은 유지하면서 세부적인 내용을 수정 보완했다. 기준을 초과할 경우 즉시 제재하지 않고 부채감축 기간을 부여해서 투자여력을 확보해주기로 했다. 4년간의 부채감축 계획 수립 기간을 부여하고 경제성장을 위한 개혁조치가 이뤄지면 최장 7년까지 연장해주기로 했다. 감축비율도 부채비율이 90% 이상인 나라들은 매년 1%포인트씩 축소하고, 60~90%인 나라들은 0.5%포인트씩 줄여야 한다. 2023년 말 기준으로 프랑스, 이탈리아, 그리스, 스페인, 포르투갈, 벨기에 등 6개국이 부채비율 100%를 넘는 나라들이다.

하지만 개정된 준칙은 코로나19 팬데믹과 우크라이나 전쟁으로 유럽 전체가 어려워지자 경기부양을 위한 일반면책 조항을 발동해 2023년 말까지 한시적으로 중단됐다. 준칙 재시행을 앞두고 회원국들은 개정을 요구했다. 준칙개정을 논의하는 과정에서 독일은 너무 느슨해지게 된다고 비판하고, 프랑스와 이탈리아는 부채한도를 초과하더라도 투자를 지속할 수 있어야 한다고 맞섰다.

환율은 화폐의 신뢰도에 따라 큰 영향을 받고 그 나라의 경제 기초체력과 잠재력을 총체적으로 반영한다. 유로화는 한 나라가 아닌 회원국 여러 나라의 경제와 세계 금융환경, 미래 위협 요인 등에 영향을 받는다. 시대의 변화에 따라 경제 금융 측면과 함께 외교 안보적 측면에서 많은 도전에 직면해있다. 경제적으로는 독일을 비롯한 유럽 경제가 침체를 면치 못하고 있다. 2023년 유로존 경제성장률은 0.7%에 그쳤다. 미국이 2.5%, 중국이 5.2%, 오랜 디플레이션에 시달렸던 일본이 1.9 % 성장한 것과 비교하면 유로존의 위축이 더 두드러진다. 영국이 이탈한 브렉시트도 악재로 작용한다.

이에 더해 중국 위안화의 공세가 강해지고 있다. 중국은 세계 최대 수입국으로서 원유와 원자재 등을 위안화로 결제하도록 유도하며 상당한 성과를 거두고 있다. 중국은 자체적으로 국경 간 결제망을 만들어 가동하고 있다. 미국 달러와 유로화는 G7 선진국을 중심으로 묶여 있고, 중국은 이들을 상대로 점진적으로 점유율을 높여가는 전략을 펼치고 있다.

단일통화 실험, 유로화의 미래는 EU경제에 달렸다

유로존은 금융의 역사에서 처음으로 시도한 실험이다. 단일통화 도입을 두고 학자들 사이에서 많은 논쟁이 일었다. 한쪽에서는 이론적으로 환율의 자동조절기능이 작동하지 않아서 원천적인 한계가 있다고 주장했다. 반대쪽에서는 유럽이 단일통화를 적용하는 데 유리한 지역적 조건을 갖추고 있고, 유로존을 운영하는 과정에서 나오는 문제점들은 각국의 공조체제와 조정으로 해결할 수 있다고 반박했다.

'유로의 설계자'로 불리는 로버트 먼델 교수는 최적통화이론을 적용했을 때 유럽이 단일통화를 사용하기에 가장 적합한 지역이라고 주장하고 유로 단일통화의 이론적 토대를 제공했다. 먼델 교수는 여러 나라가 한 통화를 사용하기 위해서는 노동시장의 유연성과 생산요소의 높은 이동성이 필요하다는 최적통화이론을 처음으로 제시했다.

유로존이 다시 경쟁력을 회복하려면 먼델 교수의 주장처럼 인프라 확보와 교육, 연구개발 투자를 확대하고 관료주의 혁파, 규제개혁에 속도를 높여야 한다. 영국의《이코노미스트》는 '유럽 단일통화에 걸맞게 서비스시장과 자본시장 통합으로 진전돼야 한다'고 조언한다. 덧붙여 중국의 개입주의와 미국의 자국우선주의에 맞서 '그들을 따라 하기보다는 시장경제 원리와 민주주의 가치를 지키는 쪽으로, 원칙에 바탕을 둔 경제정책으로 돌파해야 한다'고 주장한다.

현재 유로존은 세계 금융시장에서 한계에 직면했다. 빅테크와 디지털 혁명에서 앞서가는 미국, 2위 경제대국으로 올라선 중국, 인구 1위 국가로 고속성장하는 인도 등이 유럽을 추격하고 있다. 유럽이 새로운 계기를 마련하지 못한다면, 멀지 않은 시기에 미국 달러와 유로화가 1대1로 교환되는 시기, 즉 달러와 유로화가치가 동일해지는 패리티 시대가 도래할 것이라는 전망은 현실이 될 것이다.

7

우리 곁의 환율 이야기

환율이 오르면 좋을까, 내리면 좋을까

'요즘 환율이 너무 올라서 걱정이다'라며 환율이 화제에 오를 때가 있다. 이때 환율은 원달러 환율을 말하는 것으로 보면 거의 맞다. 가령 달러를 하나의 상품이라고 한다면 1달러라는 상품을 1,200원을 주고 사다가 이제는 1,400원을 지불하게 되는 것이다. 그만큼 원화의 가치가 떨어진 것이고, 원화를 갖고 있던 사람들은 가만히 앉아서 손해를 봤다고 생각하기 마련이므로 '걱정되는' 것이 맞다.

이렇게 차근차근 따져 보면 환율과 원화가치는 반대 방향이라는 게 보이지만, 막상 '환율이 올랐다' 혹은 '내렸다'는 말부터 듣고 보면 곧바로 이해되지 않는다. 심지어 미디어에서 환율을 다룰 때 반대로 기사를 쓰는 걸 보기도 하고, 종종 기이한 그래프도 목격한다. 원달러 환율의 변화를 그래프로 그릴 때 원화가치를 중심으로 하는 경우다. X축은 시간의 흐름을, Y축은 환율을 표시하면서 Y축 숫자를 아래에서 위로 갈수록 낮아지게 표기한다. 그래프가 올라가면 원화가치 상승, 내려가면 하락했다는 것을 보여주기 위해서라지만 일반적인 그래프의 모양이 아니라는 점에서 착각하기 쉬운 건 마찬가지다.

원화가치와 환율은 '거꾸로'

환율과 원화가치는 반대로 간다는 것을 정확하게 알고 환율을 이해하는 것이 좋다. 원유로 환율이나 원엔 환율 등 환율을 표시할 때 다른 나라의 통화를 기준으로 하는 게 일반적이다. 원유로 환율이 1유로당 1,500원이라면, 1유로로 바꾸려면 1,500원을 줘야 한다. 원엔 환율은 엔화당 원화를 표시하는데 100엔이 기준이다. 통상 엔화 환율이 1,000원에서 900원까지 떨어졌다고 하면 100엔을 바꿀 때 900원이면 될 정도로 엔화가치가 떨어지고, 원화가치는 상대적으로 상승했다는 뜻이다. 한동안 원엔 환율이 떨어져서, 엔화가치가 하락해서 일본 여행객이 크게 늘었다. 동일한 원화 금액으로 더 많은 엔화를 바꿀 수 있고, 일본 현지에서 상대적으로 저렴하게 물건을 사고 음식을 먹을 수 있어서다. 이러한 환율표기법은 달러나 유로가 기축통화나 준기축통화이기도 하지만, 원화를 기준으로 하면 달러나 유로 금액이 소수점 아래 여러 자리 숫자로 표기되어 거래 과정에서 불편하다는 점도 작용했을 것이다.

세계 외환시장으로 나아가면 환율은 반드시 달러 기준으로 표시되진 않는다. 유로달러 환율은 1유로당 달러 금액, 파운드달러 환율은 1파운드당 달러 금액으로 표시된다. 유로화는 유럽연합이 유로존을 출범하면서 독일 마르크, 프랑스 프랑, 이탈리아 리라, 네덜란드 길더 등 유럽 주요국들의 통화를 통합한 것이고, 이런 의미를 반영해 달러보다 높은 가치를 지녔다. 1999년 유로 출범 때는 1유로당 1.1697달러로 설정됐다. 파운드는 달러 이전에 '팍스 브리태니카'로 세계 패권을 행사하던 영국의 통화라는 점에서 그리고 1파운드의 가치가 1달러보다 높게 유지됐다는 점에서 현재의 환율표시법으로 정착되었다.

유로존 국가나 영국의 국민들은 자국 통화가치를 달러에 대비해서 그대로 이해하면 된다. 즉 1유로당 1.10달러에서 1.08달러로 환율이 변동되었다면 유로가치가 그만큼 하락한 것이다. 자국 통화를 기준으로 환율을 표시하게 되면 직관적으로 가치 변동을 알 수 있다. 반면 우리가 유로달러 환율과 파운드달러 환율을 파악할 때는 통상 달러 가치를 기준으로 이해하기 때문에 유로, 파운드 환율이 오를 때 달러 가치는 반대로 하락한다고 보면 된다.

해외여행, 펀드투자…
미리 환전해두는 게 좋을까?

세계 금융시장의 변동성이 커질 때 환율이 크게 움직인다. 앞선 내용에서는 환율을 이해하기 쉽도록 1달러당 1,000원일 때, 1,300원일 때를 가정했지만 실제로 환율은 외환위기나 세계 금융위기 상황이 아니고서는 단기간에 300원씩 오르는 일은 거의 없다. 반면 두세 달 사이에 50원 이상 환율이 급격히 오르는 일은 잦은 편이다. 만일 저금리 시대라면 50원 이상 급등하는 환율이 금리보다 훨씬 무섭고 큰 부담이다. 수출입기업들은 상시로 환율 위험에 노출돼 있고, 환율 동향을 면밀히 모니터링한다.

개인이 환율을 직접적으로 체감할 때는 은행에서 원화를 외화로 환전할 때다. 국경을 넘나드는 거래를 하거나 여행이나 유학생, 교환

환율변동을 정확하게 예측하기 불가능한 만큼 환전 타이밍을 잡는 것도 어려운 일이다.

학생으로 해외를 가게 된다면 환전은 필수다. 또한 해외 현지에서 유학비와 렌트비 등을 지급하려면 외화를 송금받아야 한다. 기업들이 해외법인이나 사무소에 근무하는 자국 직원에게 월급과 체재비를 지급할 때도 마찬가지다. 만일 1만 달러를 미국에 송금하게 된다면 통상 원화를 은행에 가져가거나 원화예금에서 달러로 바꿔서 미국으로 보낸다. 한국과 미국 간 송금이나 결제가 이뤄질 때는 원달러 환율이 적용되기 때문에 비교적 단순하다. 은행에서 고시되는 환율을 기준으로 미국 달러에 맞춘 원화 금액이 정해지고, 일정한 환전수수료를 내게 된다. 이후 해외 송금을 통해 국내 은행의 송금자 계좌에서 미국 내 은행의 수금자계좌에 달러 금액이 입금된다.

원달러 환율이 낮을 때 미리 환전을 해두고 유학비나 체재비 등 필요할 때 사용하는 게 우리의 바람이지만, 현실은 녹록치 않다. 불과 며칠 앞두고, 아니면 한두 달 전부터 환율을 따져 보고 가장 환율이 좋을 날짜를 예측해보려 하지만 사실상 거의 불가능하다. 적절한 타이밍을 잡는 게 핵심이지만 말처럼 쉽지 않다. 경제와 금융 분야에서 가장 중요한 가격변수는 금리와 환율 그리고 주가지수다. 이러한 가격변수의 방향을 예상할 수 있다면 큰 돈을 버는 것은 따 놓은 당상이지만, 그것은 거의 신의 영역이다. 불가능한 일을 가능한 것처럼 말하는 사람들은 대체로 사기꾼이거나 허풍쟁이일 것이다. 또한 환율은 금리와 비교할 때 변동성이 더 큰 편이다. 매일 달라지고, 여러 가지 변수가 영향을 미친다. 단기간에 환율 방향성을 예측하는 것은 더욱 어렵다. 1년 이상 장기적인 흐름을 잡고 그 시점의 환율을 분석한 다음 외화예금에 가입할지 신중하게 판단해야 한다. 환율방향성보다는 실제 외화가 필요한 시점과 규모를 기준으로 삼는 게 바람직하다.

달러예금, 엔화예금 들어둘까

개인이나 기업은 달러, 유로, 엔, 위안, 파운드, 호주 달러 등 다양한 통화별로 외화예금에 가입할 수 있다. 외화예금을 가입하는 데 가장 중요한 기준은 환율의 방향성이다. 원화가 강세가 된다면, 즉 환율이 내리면 외화예금은 환 손실을 입는다. 따라서 외화예금은 원화 약세가 예상될 때, 즉 외국 통화가 강세를 보일 것으로 전망되면 가입하는 게 맞는 선택이다.

2024년 7월 기준으로 국내 은행에서 가입할 수 있는 외화예금은 원화예금과 마찬가지로 수시로 입출금할 수 있는 외화보통예금과 일정한 만기가 정해져 있는 외화정기예금이 있다. KB국민은행 기준으로 외화보통예금은 대체로 미국 달러, 유로, 엔, 파운드, 위안, 스위스프랑, 캐나다 달러, 홍콩 달러 등 11가지 외화를 한 통장에서 입출금할 수 있고 가입대상과 금액은 제한이 없다. 예금 금리는 미국 달러와 캐나다 달러, 위안화 보통예금은 0.10%가 적용된다. 엔과 유로, 파운드, 스위스프랑, 홍콩 달러 등은 0.0%로 이자가 없다.

외화정기예금도 대상이나 금액, 기간에 제한 없이 가입할 수 있다. 10여 개 외화로 가능한데 금리는 통화에 따라 큰 차이가 있다. 미국 달러를 외화정기예금에 넣어두면 7일 미만이라도 4.1385% 금리가 적용된다. 1~2개월은 4.879%, 6~9개월은 4.788%, 12~18월은 4.5781%의 높은 이자를 받을 수 있다. 다만 18개월 이상 만기가 늘어나면 적용 금리가 0.0%라고 공시돼 있다. 미국 기준금리가 높기 때문에 국내 은행을 통해 가입하는 달러정기예금 금리도 5% 가까이 높은 금리가 적용된다. 이와 달리 엔화정기예금은 가입기간에 관계없이 금리가 0%이다. 일본은행이 2024년 3월 마이너스금리에서 0.0~0.10%로 금리를 정상화한 데 이어 7월 31일 0.25%로 정책금리를 추가로 인상했지만, 워낙 낮은 금리여서 국내에서 가입한 엔화예금에는 이자가 없다. 유로화 외화정기예금에 가입하면 금리는 6~9개월 만기에 2.693%, 12~18개월 2.403%가 적용된다.

외화예금도 예금자보호법에 따라 보호된다. 동일한 은행에서 원화 예금을 포함하여 1인당 최고 5,000만 원(원금과 소정의 이자 포함)까지 보호를 받을 수 있다. 그리고 외화예금에 외화 현금으로 입금이나 출금을 할 때는 수수료가 부과된다.

외화예금을 통해 외화를 장기적으로 보유해 환율변동성에 대비하다가, 실제로 외화가 필요할 때는 환전수수료를 적게 내는 방법을 찾는 게 낫다. 최근 은행들은 신규고객 유치, 우량고객 관리 차원에서 포인트 제도, '환전수수료 무료'를 내건 서비스 등을 경쟁적으로 제공하고 있다.

이런 서비스를 체감할 때는 해외여행을 가서 신용카드로 결제할 때다. 국내 신용카드 회사들은 세계적인 네트워크를 바탕으로 한 비자카드와 마스터카드 등과 제휴하고, 최근에는 유니온페이(중국 은련카드), JCB(일본) 카드를 포함해 다양한 국제 신용카드를 발급해준다. 해외에서 기념품을 사거나 식당에서 결제할 때 달러로 할지, 현지통화로 할지, 아니면 원화로 환산할지 망설여진다면 무조건 현지통화로 하는 게 정답이다. 만일 원화로 환산금액이 표시돼 있어도 현지통화로 결제해달라고 요구해야 손해를 보지 않는다. 원화로 결제하게 되면 현지통화와 달러, 달러와 원화, 2단계를 거쳐 이중 환전을 해야 하고, 그 과정에서 환율이 불리하게 적용되거나 불필요한 수수료를 부담하게 된다. 이에 따라 신용카드 회사는 해외결제 시 원화결제를 원천 차단하기 위해 이중환전 차단서비스(DCC)를 제공하고 있다. 인터넷 홈페이지나 모바일 또는 콜센터에 전화해서 DCC 서비스를 요청하면 된다.

국내 주식을 움직이는 보이지 않는 손, 외국인 투자자

국내 주식시장에서는 환율이 어떻게 작용할까. 언뜻 보기에는 환율이 눈에 띄지 않을 뿐더러 주로 미 연준의 금리 결정에 촉각을 곤두세우는 것처럼 보여진다. 미국이 금리를 인상할지, 인하할지에 따라 시장의 방향이 달라지고, 정기적으로 발표되는 미국 물가와 고용지표에 주가지수가 크게 움직인다. 금리가 시장에 영향을 주는 핵심변수인 것은 분명하다. 그렇다고 환율을 무시할 수는 없다.

한국거래소는 개인과 기관, 외국인을 나눠서 시시각각 순매도와 순매수 투자금액을 공표한다. 금융투자, 투자신탁, 보험, 은행, 기타금융회사의 연기금, 사모펀드 등 기관의 투자는 상세하게 기록된다. 개인은 상대적으로 단일 집단으로 분류돼 거래 동향 정도만 공표된다. 이는 개인 투자자의 거래를 보호하고 개인정보를 유지하기 위해서다. 외국인의 투자 또한 거래 동향으로 공표되는데, 시장에 뛰어든 세 플레이어 중 가장 중요하다. 외국인들이 주요 종목을 사거나, 시장 전체적으로 대규모 순매수를 했다면 증시에 큰 호재이기 때문이다.

외국인들은 한국 주식시장에 투자할 때 어떤 요인을 고려할까. 우리가 해외펀드에 투자할 때의 판단기준을 거꾸로 생각해보면 된다. 외국인 투자자 중에는 중장기 투자를 하는 연기금과 장기 펀드가 있고, 일부 단기투자자들이 포함돼 있다. 그중 중장기 투자 외국인의 움직임에 주목해야 한다. 외국인 중장기 투자자들이 신흥국 펀드를 운용하고 있다면 포트폴리오 구성을 위해 한국시장에서 일정한 비율만큼 주식을 편입해야 하기 때문이다. 한국은 국제적인 벤치마크인 모건스탠리 캐티털 인터내셔널 지수(MSCI)에서 신흥국지수로 편입돼 있고, 선진국지수 편입을 추진하고 있다. 즉 신흥국 중에서 한국은 국가신용등급이 높은 데다 세계에서 활동하는 주요 기업들이 많아서 핵심 투자대상 국가로 꼽힌다.

이들이 한국시장에서 주요 종목을 매수하는 것은 그 자체로 한국 경제와 기업의 미래 전망을 긍정적으로 보고 있다는 점을 의미한다. 장기적으로 일정한 배당금을 받고 주가 상승으로 인한 시세차익을 얻게 될 것으로 기대하고 한국 주식을 매수하는 것이다. 이는 곧 길게 보면 원화가치가 높아질 것이라는 전망과 연계된다. 외국인들은 시세차익과 환차익이라는 두 마리 토끼를 잡을 수 있다는 기대감을 안고 국내 시장에 들어왔다고 볼 수 있다.

해외 증권투자, 일거양득일까 엎친 데 덮친 격일까

국내 투자자들이 해외로 눈을 돌리고 있다. 상대적으로 한국 자본시장의 상승률이 낮은 데다 미국, 일본 증시가 사상 최고치를 경신하면서 상승세를 보인 것이 주요한 이유로 꼽힌다. 국내 증권사 계좌를 개설하면 PC나 모바일로 곧바로 미국 증시에 상장된 펀드나 개별 종목을 사고팔 수 있다. 전 세계 주요 국가 증권거래소에 상장된 종목은 별다른 어려움 없이 투자대상으로 삼을 수 있는 것이다. 당연하게 느껴지겠지만 불과 몇 년 사이에 일어난 큰 변화다.

개인이 종목을 골라서 해외 주식이나 채권에 직접 투자하는 것은 기본적으로 그 나라의 해당 기업을 사는 것이다. 해외투자를 할 때는 현지 통화로 표시한 가격을 지불한다. 예를 들어 미국 뉴욕증권거래소 종목을 골랐다면 원화를 달러로 환전해서 달러표시 주가를 시세에 따라 매수하게 된다. 이에 따라 환율은 해외투자의 수익률을 좌우하는 아주 중요한 변수가 된다. 투자 시점에 1달러당 1,300원이었으나 1년 후 주식을 매도할 시점에 1달러당 1,000원으로 원화가 강세를 보인다면, 국내 원화 계좌로 수익이 들어왔을 때 주가가 1년간 10% 상승했더라도 환율을 감안하면 투자 손실을 입게 된다. 반대로 환율이 1달러당 1,500원으로 원화 약세가 됐다면 주가상승률을 동일하게 10%로 가정했을 때 투자수익은 크게 상승한다.

브라질 국채, 금리 높았지만 환율 때문에 큰 손실

수익이 커지는 만큼 리스크도 크다. 국경을 넘어서는 거래나 투자를 할 때에는 두 국가 또는 여러 나라 사이에 얽혀 있는 통화가치가 큰 리스크 요인이 된다. 실제로 2010년대 초반 브라질 국채를 샀던 투자자들이 큰 손실을 입었다. 당시 10년 만기 고정금리 브라질 국채가 연 10%가 넘는 표면 금리로 발행되었다. 한국 기준금리는 3.25%, 은행 정기예금 금리는 3%대 수준이어서 3배 이상 수익을 올릴 수 있는 상품으로 인기를 끌었다. 한국과 브라질은 1991년 조세협약을 맺어 브라질정부가 발행한 국채의 투자 수익에 대해 국내에서 비과세 혜택이 주어졌다. 그러나 이후 브라질 헤알화가치가 급격하게 떨어지기 시작했다. 2011년 원헤알화 환율이 1헤알당 690원대였으나 2015년에 330원까지 급락해 반토막이 났다. 10%의 금리는 매우 높은 수준이지만 국채 표시 화폐인 헤알화가치가 급락하는 바람에 투자자들은 대규모 환차손을 입었다.

만일 2011년 매수한 브라질 국채를 만기인 2021년까지 보유하고 있었다면 어떻게 됐을까. 헤알화는 2021년 7월에 220원에 거래됐고, 한때 190원까지 하락했다. 환차손만으로 60%대 손실을 본 것이다. 한국투자자교육협의회의 자료에선 2011년 1,000헤알짜리 10년 만기 국채가 원헤알 환율 690원을 적용해 원화 기준으로 69만 원이었으나, 2021년 만기 때 헤알화 환율이 220원으로 원화도 22만 원으로 급락했다. 국채 원금이 최초 투자금액의 32% 수준으로 하락한 것이다. 10년간 매년 2회에 걸쳐 5%씩 이자를 받았다고 하더라도 원금 자체가 1/3토막이 나면 큰 손실을 피할 수 없다. 만일 브라질 국채 매입을 주선한 증권회사가 '만기까지 보유하면 매년 이자 수익을 얻고, 만기 때 환율을 따져봐야 한다'고 말했다고 하면 결과적으로 잘못된 조언을 한 셈이다. 증권회사들이 거둬들인 수수료는 1.5~2%선으로 높았다.

2011년 이후 브라질 국채 매수자들은 대부분 개인투자자들이었다. 2011년에 투자금액이 1조 4,000억 원이었고 2017년에는 3조 원 이상으로 늘었다. 브라질 채권은 여러 차례 투자 붐이 일었다. 투자자들이 매년 환차손을 본 것은 아니다. 냉탕과 온탕을 오가며 한두 해 반짝 플러스 수익률을 기록했다. 하지만 브라질의 경제 침체, 정부 부채 급증, 코로나 위기 등으로 헤알화가치는 장기적으로 폭락을 거듭했다. 브라질은 원자재 가격의 등락에 따라 국가경제가 크게 요동치고, 잦은 인기영합적 정책으로 인해 재정부실이 지적돼왔다.

엔저라는데, 싼 금리로 외화대출 받을까?

국내에서 외화예금에 가입할 수 있는 것과 마찬가지로 외화대출도 받을 수 있다. 대출이라서 적용되는 금리도 중요하지만 더 결정적인 요인은 환율이다. 주로 대기업들이 대규모 설비자금을 조달할 때 국내 금리보다 상대적으로 싼 금리를 적용받기 위해 외화표시 대출을 받는다. 국내 대기업들이 국내 또는 해외 공장을 건설할 때 국내에 진출한 외국은행이나 현지 은행에서 외화 기준으로 자금을 조달하는 사례가 많다. 국내 상업은행은 상대적으로 금리가 높은 데다 환율 위험이 있어 글로벌 대기업들이 해외 투자를 할 때 외국계 은행을 많이 활용한다. 또한 수출입기업들이 환율변동을 회피하기 위해 외화대출을 활용하기도 한다.

외화대출은 최초 원금과 이자가 환율변동에 따라 원화로 환산돼 상환금액이 달라진다. 만일 달러 대출을 받았을 경우 원달러 환율이 상승하면 그만큼 원리금 부담이 커진다. 즉 환율변동에 따른 리스크를 안고 있다. 만일 1억 달러 대출을 받은 기업이 만기 이전에 환율이 1달러당 100원이 올랐다면 100억 원의 추가부담을 지게 된다. 이자도 환율에 연동되기 때문에 늘어난다.

이에 따라 환율이 출렁거리면 해당 통화의 외화대출이 줄어들거나 늘어난다. 원달러 환율이 1달러당 1,400원을 넘보던 시점이던 2024년 4월에 국내 5대 은행의 달러 대출 잔액이 86억 1,800만 달러로, 2023년 4월의 101억 3,000만 달러에 비해 15억 1,200만 달러(13.1%)나 크게 줄었다. 이 기간 동안 원화가치는 7%가량 크게 하락했다. 아마도 환율 상승폭이 과도하다고 판단한 기업들이 달러 대출을 받기를 꺼려하거나 기존 대출을 상환한 것으로 분석된다.

환율에 금리까지, 양쪽으로 깨진 엔화대출 사태

벌써 15년이 지났지만 세계 금융위기 와중에 주로 중소기업과 병의원들이 큰 손실을 입었던 엔화대출은 환율 급변동이 얼마나 위험한지를 보여준다. 한 신문에 나온 한 중소기업 사례를 보자. 그 기업은 2006년 공장 설립 비용으로 3억 엔을 100엔당 820원에 대출받았다. 돈을 빌릴 때 적용금리는 2.3%였지만 2007년 4%대로, 2008년 3개월 만기를 연장하면서 이자는 8.1%로 높아졌다. 매달 500만 원이었던 이자가 3,000만 원으로 불어났다.

엎친 데 덮친 격으로 대출을 받을 때 100엔당 800원선이었던 원엔 환율이 2008년 10월에는 1,545원까지 거의 2배로 높아졌다. 나중에 리만브러더스 사태가 터진 이후에는 원엔 환율이 1,600원을 넘어섰다. 원금이 거의 2배로 불어나고 엔화 조달금리가 급격하게 높아져 이자는 3배 가까이 높아졌다. 환율이 급등한 것은 세계 금융위기로 인해 안전자산으로 꼽히는 엔화가치가 크게 상승했기 때문이다. 최초 대출이 엔화 기준이었기 때문에 환율이 오른 만큼 원금도 눈덩이처럼 커지게 된다. 원화가치가 엔화에 비해 상대적으로 낮아져서, 그대로 원엔 환율에 반영됐다.

당시에 엔화대출에 적용되는 금리는 리보금리(런던 은행 간 금리, 런던의 주요 은행 사이에서 단기자금을 조달하는 이자율)에 가산금리를 덧붙여서 정해졌다. 세계 금융위기 때 리보금리 자체가 상승했지만 가산금리가 더 큰 상승폭을 보였다. 가산금리에는 은행의 마진과 각종 수수료가 포함되는데, 엔화를 조달하는 금융회사의 신용도와 수요 공급 등 다양한 요인에 따라 오르내린다. 당시에는 기본적으로 세계 금융시장이 큰 혼란에 빠져들면서 상대적으로 취약한 원화의 가치가 급락하고, 한국의 시중은행들이 해외에서 외화를 조달할 때 높은 금리를 적용받는 상황에 빠졌다.

엔화대출로 인해 큰 손해를 본 의사들이 많았다. 병의원을 개업하면서 의료장비를 들여올 때 낮은 금리의 엔화대출을 받았기 때문이다. 자영업자와 개인사업자들이 1~2%대 금리를 적용받아 엔화대출

외화를 대출할 때는 대출금리뿐만 아니라 환율, 가산금리 등 고려해야 할 사항이 더욱 많아진다. 슈퍼엔저 현상으로 엔화대출을 고려하는 이들은 2006년의 사례를 반면교사 삼아야 할 것이다.

을 받은 다음 부동산 매입에 활용한 사례가 드러나 금융감독당국이 검사를 벌이기도 했다.

낮은 금리만을 고려해서 외화대출을 받았다가는 큰 부담을 떠안을 수 있다. 원화가 아닌 외화 표시 대출을 받거나 외화 표시 채권을 발행하게 되면 환리스크에 노출된다는 점을 정확하게 알고 있어야 한다.

환리스크, 피할 방법은 없나

개인이 주식이나 채권 투자를 할 때, 기업이 외화 대출을 할 때 등 아무리 좋은 경제 상황과 조건 속에서 시작했더라도 외화를 다룬다면 필연적으로 환리스크에서 자유롭지 않다. 그래서 금융기관은 그 위험을 없애기 위해 환헤지상품 옵션을 갖추고 있다. 해외 펀드에 가입한다면 환헤지를 할지 말지 선택해야 하는데, 대부분 펀드 자체에 설정돼 있다. 펀드 이름 앞에 'H'나 '환' 표시가 붙어 있으면 환헤지를 하는 상품이다. 하지만 이런 장치가 환리스크를 완전히 없애주진 못한다. 환율은 그렇게 손쉽게 예측하고 통제할 수 있는 성질의 것이 아니다. 환위험 관리의 중요성을 거론할 때 빠지지 않고 등장하는 것이 바로 키코사태다. 환율변동이 얼마나 위험한지, 제대로 알지 못하고 파생상품에 가입하는 것이 얼마나 무모한 것인지 보여준 사건이었다.

키코Knock-in knock-out는 달러, 유로, 엔화 등 통화를 기초자산으로 만들어진 통화옵션 상품이다. 키코는 당초 환율변동 때문에 발생할 수 있는 환차손 위험을 헤지하려는 목적으로 중소기업들이 주로 가입했다. 하지만 환율이 정해진 하한선 이하로 내려가면 옵션 효력이 상실되고, 정해진 상한선을 돌파하면 오르면 오를수록 가입 기업의 손실이 커지는 구조였다. 예를 들어 900~1,100원 구간이라면 환율이 900원 아래로 내려가면 옵션 계약이 무효가 되고, 1,100원을 넘어서 올라가면 손실을 보고 달러를 되팔아야 하는 식이었다.

2007년 키코가 인기를 끌었을 때 원달러 환율은 900원대에 머물렀고, 일부에서 추가로 환율 하락을 전망하기도 했다. 하지만 2008년 세계 금융위기가 터지자 환율이 급등해 1,500원선까지 올라갔다. 가입한 키코계약이 환율 상한선을 넘어서 기업들은 약정한 환율로 달러로 팔아야 하는 옵션에 따라 당시 1,500원대 환율에 달러를 사서 약정환율 1,000원 대 이하로 갚아야 했다.

당시 중소기업들이 통상 수출입 과정에서 달러나 외화 규모에 비해 몇 배나 많은 키코계약을 맺었다가 나중에 큰 손실을 입었다. 작은 계약을 통해 이익을 얻은 경험 때문에 당시 평소 거래보다 더 많은 계약을 맺었기 때문이다. 일부 은행원들이 창구에서 키코를 큰 위험이 없어 환헤지를 할 수 있다고 홍보한 것이 나중에 법원에서 쟁점이 됐다.

수출입기업이 환율 위험에 빠지는 것은 원화가 가진 한계 때문이다. 원화가치는 기본적으로 한국경제의 기초체력에 따라 결정되지만 외부요인에 따라 더 큰 영향을 받는다. 세계 금융시장을 뒤흔드는 위기가 발생하면 원화는 어김없이 하락했다. 외환위기와 세계 금융위기, 유럽 재정위기와 코로나19 팬데믹 때 원화가치는 다른 여느 나라 통화 못지않게 큰 폭으로 떨어졌다. 소규모 개방국가, 특히 무역에 크게 의존하고 있는 한국경제가 가진 불가피한 현실이다.

세계 금융시장을 뒤흔드는 위기가 아니더라도 외부요인에 따라 환율이 급변동하는 것은 자주 겪는 일이다. 통상 원화 환율은 하루에 1~2원을 오르내린다. 하지만 외부요인에 따라, 달러 수요와 공급에 따라, 꼭 위기 국면이 아니더라도 10원 이상 두 자릿수가 오르거나 내리기도 한다. 기축통화가 아닌 통화의 숙명이기도 하다. 다만 아르헨티나, 브라질, 튀르키예 등이 최근 몇 년 사이에 겪었던 것에 비하면 대체로 원화는 물가안정과 지속적인 성장 속에서 자리잡은 안정적인 통화에 속한다.

키코사태의 교훈, '환율이 정말 무섭다'

언제 무슨 일이 생길지 모르는 게 금융시장이고 그중에서도 외환시장이 가장 변동성이 큰 편이다. 수출중소기업이 상품을 수출하고 결제하는 시점에 환율이 급변동한다면, 주문시점에 정해진 가격으로 예정된 이익이 줄거나 손실을 볼 수도 있다. 수출기업이 환차손 위험에 노출돼 있는 것은 불가피한 일이지만 이를 회피하기 위해 환헤지 선물환을 매입하는 방식으로 대응하기도 한다. 이미 정한 수출가격으로 얻게 될 이익을 확정하는 효과를 거둘 수 있어서 안정된 재무상태를 유지하는 데 도움이 된다. 다만 환율 상승으로 인한 추가이익은 포기해야 한다. 결국 예상하지 못한 환차손을 입지 않게 위해서, 혹시 장래에 얻을 수 있는 환율 상승으로 인한 이득을 포기하는 것이 선물환 거래다. 키코는 그 자체로 위험한 파생상품이었지만, 일부 중소기업이 평소 외화거래규모에 비해 몇 배나 많은 파생상품에 가입한 것이 화근이었다. 평소 거래금액 수준에서 키코에 가입했다면 환율이 상한선을 돌파했다 하더라도 손실이 제한됐을 것이다.

수출기업의 환위험 관리는 기본적으로 환차손을 입지 않기 위한 수준에서 보수적으로 대응하는 것이 바람직하다. 그 선을 넘어선다면 환헤지가 아니라 환투기에 가세한 것이 된다. 해외에서 수입이 많은 회사라고 한다면 수출기업과 정반대로 환위험 관리를 하는 것이 정석이다. 제조업체의 경우 일부 원자재나 부품 소재를 수입해서 가동한 다음 완제품을 수출하는 사례가 많다. 따라서 수출에서 수입을 뺀 금액을 대상으로 환위험 관리를 하는 편이다.

소비자에게 부담을 떠넘기는 고환율정책

어느 나라든지 자국 통화가치를 낮춰서 수출을 늘리고 외국자본을 끌어들이고 싶어 한다. 화폐전쟁이 좀 더 포괄적인 의미를 갖고 있지만 대체로 그 본질은 환율전쟁이라고 봐도 무방하다.

환율은 국가 간에 상대적인 통화가치를 보여주는 것이어서 상품과 서비스 교역, 자본 유출입에 직접적인 영향을 준다. 대체로 선진국들은 환율을 시장에 맡기는 편이지만 신흥국들은 국가가 개입하는 경향이 강하다. 미국은 환율조작국 지정이나 관세장벽으로 그러한 의도를 차단하려고 한다. 하지만 그 과정에서도 미국과 상대국 사이에 교역 구조와 상호 경제, 외교 관계 등이 복합적으로 작용할 수 밖에 없다.

만일 한국이 적극적으로 고환율정책을 펼치면 경제 주체들 사이에 어떠한 영향을 줄까. 즉 자국 통화가치를 의도적으로 낮추면 수출기업은 같은 금액을 수출하더라도 원화로 환산한 금액이 높아지기 때문에 이득을 보게 된다. 같은 달러를 받았더라도 은행계좌에 찍히는 원화 금액은 더 커진다. 반면에 수입회사들은 손실을 입는다. 수출회사와 반대로 상품을 수입할 때 같은 외화금액이라도 더 많은 원화를 지출해야 하기 때문이다.

환율이 변동하면 수출회사나 수입회사는 직접적으로 이익이나 손실을 체감하게 된다. 숨은 피해자는 바로 경제주체로 개인이자 소비자들이다. 한국은 전체 경제에서 수출입이 차지하는 비중이 아주 높다. 원유, 가스 등 에너지와 밀가루 등 식량은 거의 수입에 의존한다. 의류와 생활필수품 등 일반 공산품 역시 중국, 인도, 베트남 등 해외에서 수입하는 비중이 높다. 환율이 높아지면 수입가격이 높아지고, 이는 그대로 소비자들에게 전가된다.

따라서 고환율정책은 수입회사나 개인들에서 수출회사로 부가 이전되는 효과를 발휘한다. 개인 소비자 입장에서는 느끼지 못하는 사이에 정부가 수출회사들에게 보조금을 지급하고 그에 따른 일부를 개인들에게 부담시키는 것이다. 개인들에게 눈에 보이지 않게 '강제 보조금'을 매기는 것이나 다름없다.

한국은 OECD 등 국제기구에서 선진국으로 분류되고 있다. 소규모 개방국가로서 급격한 환율변동으로 인한 금융시장 혼란을 막기 위해 외환시장에 개입하는 것은 불가피한 측면이 있다. 하지만 산업

정책 차원에서, 수출 확대를 위해서 고환율정책을 펴는 것은 경제 전체적으로 보면 얼마나 효과가 있을지 알기 힘들다. 더구나 그 과정에서 이해관계자 사이에 부의 이전효과가 생긴다면 이제는 시장의 자동조절장치에 맡기는 것이 바람직하다. 한국과 일본은 해외자산 보유 규모가 크게 늘었고, 해외 현지 생산체제가 구축되어 고환율정책, 즉 자국 통화가치를 낮게 유지하는 것이 반드시 이득이 되지 않는다. 실제로 한국과 일본은 지난 몇 년 사이에 환율이 크게 상승했지만 무역수지는 오히려 흑자가 축소되거나 적자를 기록하기도 했다.

시장환경과 경제구조가 크게 바뀌었다. 자국 통화가치가 상승하는 것, 즉 환율이 하락하는 것은 그 나라 경제의 펀더멘탈이 종합적으로 안정되거나 종합적인 역량이 강하다는 점을 반영하는 것이다. 환율이 상승하면 유리하고 환율이 내려가면 불리하다는 인식은 오래전 '수출입국'을 슬로건으로 걸거나 많은 달러를 벌어들이는 게 애국이라는 생각이 지배하던 구시대적인 사고방식일 수도 있다.

비트코인이 기존 화폐를 대체할까

비트코인을 비롯한 암호화폐가 자주 거론되고 있다. 1 비트코인 가격이 1억 원을 넘어섰다든가, 코인투자로 떼돈을 벌었다든지 반대로 쪽박을 찻다든가 그런 얘기들이다. 이런 얘기 자체는 암호화폐가 현재로서는 화폐라기보다는 '가상자산'으로서 투자대상임을 간접적으로 보여준다. 미국의 금리정책에 따라, 거시경제 지표에 따라 암호화폐 가격이 영향을 받고 있다. 사실 달러나 유로화, 엔화 등 화폐 자체를 상품으로 본다면 환율이 가치를 평가하는 중요한 잣대가 된다. 비트코인을 여기에 빗대어 본다면 한편으로는 자산으로서, 다른 한편으로는 암호화폐 생태계 속 화폐로서 이중성을 지니고 있다.

암호화폐 중에서 가장 먼저 세상에 나온 것은 비트코인이다. 2008년 세계 금융위기를 계기로 기존 금융권과 정치권에 대한 반발 속에서, 어떤 세력도 금융을 좌우하지 못하게 하려는 의도가 담겨 있다. 이에 따라 분산원장기술이라고 하는 블록체인을 바탕으로 컴퓨터 안에 존재하는 가상의 화폐인 비트코인이 2,100만 개를 한도로 발행되기 시작했다. 비트코인은 모든 암호화폐의 가격 기준이다. '디지털 금'이라고 불리는 비트코인은 암호화폐 생태계 속에서 기축통화 역할을 하고 있다. 따라서 비트코인으로 환산되는 여러 코인 가격은 그 자체가 암호화폐 속 환율이라고 할 수 있다. 여러 코인 가격을 비트코인과 비교하면 상대가치를 간접적으로 평가할 수 있다. 기존 금융권에서 모든 나라 화폐가 달러를 기준으로 상대가치가 매겨지고, 이는 곧 환율이 되는 것과 마찬가지다.

하지만 비트코인은 기존 법정화폐와 달리 큰 한계를 지니고 있다. 화폐는 기본적으로 가치 척도, 지급 수단, 가치 저장, 교환 가능 등의 특징을 지닌다. 이 기준으로 보면 비트코인은 화폐의 역할을 하기에 적합하지 않다고 여겨지는 편이다. 이에 따라 국내 관련 법에서 암호화폐라고 표현하기보다는 가상자산이라는 용어를 쓰고 있다.

암호화폐의 가장 큰 문제점은 바로 가격변동성이 크다는 점이다. 암호화폐는 하루 가격변동폭에 대한 제한이 없다. 관리변동환율제를 운용하고 있는 나라들이 자국 화폐의 환율변동폭을 상하 몇 %로 제한해두고 있고, 한국거래소에서 주가의 하루 상하한가 폭도 정해져 있다. 그러나 암호화폐는 수요와 공급에 따라 자동적으로, 24시간 쉬지 않고, 국경 없이 거래되고 가격이 오르내린다. 기본적으로 탈중앙화 원칙에 따라 관리주체가 없기 때문에 가격변동폭을 정해두거나 개입하는 것 자체가 불가능하다. 상대적으로 안정적인 가격 흐름을 보여주는 비트코인을 예로 들면 한때는 1억 원을 넘보기도 하지만 다시 반토막이 나기도 한다. 다른 암호화폐의 변동폭은 더욱 크고, 아예 사라지기도 한다.

스테이블코인은 달러 '아바타'

이런 위험 때문에 스테이블코인이 등장했다. 기존 달러가 그대로 암호화폐 생태계 속에서 통용되기 어려워 만들어진 개념이다. USDC US Dollar Coin, USDT US Dollar Tether 등 여러 가지 스테이블코인이 암호화폐 거래소에서 가격 산정 기준으로 활용되고, 다른 코인의 가격 평가에 쓰인다. 스테이블코인은 미국 달러를 담보로 1달러에 1USTC 또는 1USDT가 발행되는 방식이어서, 그 자체가 달러가치에 묶여 있다. 달러 외 자산이 담보로 쓰일 수도 있지만, 달러로 환산되는 가치를 바탕으로 스테이블코인이 발행된다.

암호화폐 생태계 속에서 기축통화는 비트코인이고, 일반적으로 모든 거래는 비트코인을 기반으로 이뤄진다. 하지만 나중에 등장한 스테이블코인이 비트코인을 비롯한 다른 암호화폐들의 거래량을 잠식하고 있다. 스테이블코인이 달러에 연계돼 있다는 점에서, 미국 달러가 암호화폐 생태계 속에서 자리잡고 있다는 점을 보여준다. 달리 해석하면 암호화폐 분야에서도 달러의 영향력이 커지고 있고, 일부는 이미 달러 체제에 편입되어 돌아가고 있다고 볼 수 있다. 월가의 전횡이라든가 과도한 달러 패권 등 기존 금융권에서 탈피하기 위해 암호화폐가 출범했지만 결과적으로 일부분이 다시 달러의 공신력을 의존하는 쪽으로 되돌아온 셈이다.

비트코인과 스테이블코인이 경쟁관계일지 상호보완관계가 될지 주목된다. 미국 증권거래위원회(SEC)가 비트코인 현물과 선물 ETF 이더리움, 현물 ETF를 승인한 것은 시사하는 바가 크다. ETF를 통해 암호화폐 생태계에 많은 자금이 유입되는 것을 허용한 것이다. 이는 현실적으로 크게 성장한 암호화폐 분야를 인정하고 제도권으로 끌어들인 것으로, 미국의 달러 패권 체제에 편입시키려는 의도로 볼 수 있다.

암호화폐가 달러 패권을 무너뜨릴 수 있을까. 아직까지는 일종의 투자대상에 그치고 있다. 화폐를 만드는 건 그 나라의 경제 기초체력과 종합적인 역량이지만, '어디에서나 이 통화가 통한다'는 약속과 신뢰가 바탕이 돼야 한다는 점을 되새기게 한다.

암호화폐 자체에 대한 평가는 여전히 엇갈린다. 매니아층이 형성돼 있는가 하면 이를 무시하거나 부인하고, 전혀 쓸모없는 것으로 보기도 한다. 블록체인 기술은 활용해야 하지만 암호화폐는 가치가 없다고 하는 이들도 있다. 그럼에도 불구하고 비트코인과 이더리움 ETF 상품이 나오고, 여러 코인들과 프로젝트들이 잇달아 선을 보이고 있다. 여러 암호화폐의 가격이 국경 없이 24시간 내내 국내외 거래소에서 거래되고 있다. 인정하든 하지 않든, 암호화폐 생태계 자체는 이미 만들어져 운영되고 있는 것이다. 전 세계적으로 많은 코인 프로젝트 개발자와 참여자, 거래자 등이 이 생태계 속에서 활동하고 있다. 암호화폐의 미래는 결국 생태계 자체가 얼마나 성장할 것인지, 얼마나 많은 개발자와 투자자들이 유입될 것인지, 실물과 연계된 코인의 실용화 사례가 얼마나 만들어질지 등에 따라 결정될 것으로 보인다.

나가며

미국 달러의 여행

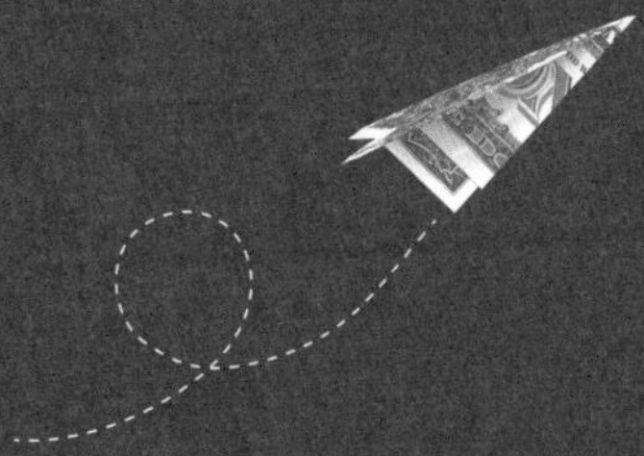

돈은 돌고 돌기 때문에 돈이라고 한다. 돈이 한곳에 머물러 있으면 의미가 없다. 국가 간의 화폐도 마찬가지다. 하지만 각국의 화폐가 돌아다닐 수 있는 영역은 한정돼 있다. 예를 들어 한국의 원화는 우리나라 밖으로 나가면 돌아다니기가 매우 어렵다. 한국에서는 언제 어디든 돌아다니면서 경제의 흐름에 기여를 하지만 국경을 벗어나는 순간 묶이게 된다. 외국에서 원화를 유통시키는 경우는 거의 없기 때문이다. 전 세계 200여 국가들의 통화 대부분이 원화와 같은 신세다. 자국을 벗어나 유통되는 경우가 없다.

하지만 미국 달러는 다르다. 달러는 전 세계를 돌아다닐 수 있는 일종의 '승차표'를 갖고 있다. 이 때문에 달러의 흐름이 전 세계 돈의 흐름을 좌우한다. 미국이 치명적인 자충수를 두지 않는 한 관행으로 굳은 달러의 여행이 앞으로 한 세대 이내에 끝날 가능성은 거의 없다고, 필자들은 냉정하게 결론 내렸다. 이를 판단하기 위해 독자들도 달러의 여행기를 살펴봐주길 바란다.

달러는 미국에서 태어난다. 미국 연방준비제도(Fed)는 달러를 찍어낼 수 있는 권한이 있는 유일한 곳이다. 연준은 시장에 있는 채권을 사고파는 방식을 통해 달러를 유통시킨다. 연준이 시중에 있는 채권을 사들이면 채권은 미국 연준으로 들어오고 연준에서 달러가 시중에 나간다. 반대로 연준이 갖고 있는 채권을 팔면 채권은 시중에 유통되는 반면 달러는 연준으로 다시 회귀한다. 연준에서 나온 달러는 미국의 은행을 거쳐 미국 국민들과 기업의 호주머니로 들어간다. 미국 기업과 개인들이 미국 내에서 물건을 사고팔고, 투자를 하고 예금을 하면서 달러가 미국 내에서 돌아다니는 것은 다른 나라 통화가 자기 나라에서 움직이는 것과 다를 것이 없다.

그러나 미국 달러는 자기나라에서 움직일 뿐만 아니라 외국으로도 자유롭게 돌아다닌다. 미국 경제분석국(BEA) 통계에 따르면 미국은 2023년 해외에 물건을 5,144억 달러어치 팔았다. 반면 해외에서 물건을 7,794억 달러어치 사들였다. 물건을 사고팔 때 달러로 결제했다고 가정하면 미국에서 물건을 사들이느라 순수하게 2,650억 달러가 해외로 빠져나갔다. 우리나라 돈으로 360조 원이 넘는 돈이다. 이 돈은 미국에 물건을 판 나라로 흘러 들어간다. 해외에 물건을 판 것과 물건을 산 것 사이의 차이를 나타내는 무역수지를 국가별로 살펴보면 미국은 2023년 중국에 대해 2,794억 달러의 적자를 기록했다. 일본에 대해서도 712억 달러, 한국에 대해서는 514억 달러의 적자를 기록했다. 이 정도의 돈이 무역을 통해 미국에서 중국, 일본, 한국 등으로 흘러 들어왔다는 얘기다. 미국 입장에서는 자신들이 찍어낸 달러를 통해 세계 각국의 물건을 사들이고 있는 셈이다. 이렇게 할 수 있는 나라는 사실상 미국이 유일하다. 미국은 무역뿐만 아니라 다른 나라의 기업과 금융회사에 투자할 때도 달러로 투자를 한다. 달러로 다른 나라 기업과 금융회사를 사들이기도 하고 다른 나라 금융시장에서 주식과 채권을 사기도 한다. 이 경우에도 달러는 미국에서 나와 다른 나라로 이동한다. 반면 미국이 무역흑자를 보거나 다른 나라에서 미국에 투자를 할 경우 달러는 다시 미국으로 돌아온다. 이런 방식으로 미국은 전 세계 실물시장과 금융시장을 달러로 엮었다. 글로

벌 시장에서 달러가 움직이는 시장은 갈수록 커졌다.

각국에 들어온 달러는 각국 통화로 교환이 된다. 예를 들어 삼성전자가 반도체를 수출하고 달러를 받아와 정해진 환율에 따라 원화로 교환한 후 이를 국내 직원들의 임금을 주는 데 사용했다면 달러는 은행으로 들어가고 그만큼의 가치에 해당하는 원화가 국내에서 돌아다니게 된다. 이 경우 한국에서 사용되는 원화의 양은 늘어난다. 원화의 양이 늘어나면 한국에서는 물가가 오를 가능성이 높다. 물가가 오르면 우리나라의 사람들이 더 비싼 돈을 주고 물건을 사야 한다는 얘기다. 우리가 미국에 물건을 많이 팔아 달러를 들여왔는데 그 결과가 국내 물가상승이라는 다소 황당한 결과로 귀결된다. 한국으로 들어오는 달러의 양이 많아져 물가 상승률이 높아지면 한국의 중앙은행이 나서서 채권을 발생해 통화량을 흡수하기도 한다. 이럴 때 발행하는 채권이 통화를 안정시키기 위해 발행한다고 해서 '통화안정증권(통안증권)'이다. 통안증권을 발행해 시중의 돈을 중앙은행이 빨아들이면 시중에 유통되는 돈의 양은 줄어들어 물가안정에 기여하지만 채권 공급이 늘어나 채권 값은 떨어지고 시중의 금리는 오르게 된다. 우리나라가 힘들게 만든 물건을 미국에 팔고 달러를 들여와 그 뒤치다꺼리를 하는데도 비용을 치러야 하는 아이러니가 발생한다. 그만큼 달러는 외국에서 대접을 받는다.

수출로 들여온 달러가 한국에 꼭 머무는 것은 아니다. 예를 들어 삼성전자가 수출로 들여온 달러를 대만에서 반도체 재료를 구입하는 데 사용했다면 이 달러는 대만으로 다시 이동한다. 삼성전자가 이 돈을 미국 채권을 사거나 미국 현지법인에 보관을 한다면 이 돈은 다시 미국으로 돌아간다. 중국과 일본 같은 나라는 미국과의 무역을 통해 벌어들인 달러를 가지고 미국 국채를 대규모로 사들인다. 미국 국채는 미국의 빚이다. 결국 미국은 다른 나라에서 빚을 내서 그 돈으로 다른 나라 물건을 수입해서 소비하고 있는 셈이다. 중국은 이렇게 벌어들인 달러를 다른 나라에 꿔 주기도 하고 다른 나라 물건을 사는 데 사용하기도 한다. 이런 방식으로 달러는 전 세계를 돌아다닌다. 이 과정에서 많은 나라들의 경제가 다양한 영향을 받게 된다.

미국은 그동안 자국 경제에서 문제가 생길 때마다 달러를 찍어내 해결을 했다. 이런 미국의 행태는 미국연방준비제도의 대차대조표를 보면 알 수 있다. 미국 연준이 달러를 시중에 풀 때는 시중에서 채권을 사들이고 돈을 지급하는 방식으로 통화량을 늘린다. 이때 채권 매입으로 연준의 자산은 늘어난다. 자산이 늘어난 만큼 연준이 돈을 푼 것이다. 이 돈은 은행을 통해 시중에 풀리고 다시 은행으로 들어오고 다시 나간다. 이 과정을 통해 연준이 푼 돈의 몇 배가 되는 돈이 시중에 유통된다.

미 연준이 공개한 자료를 보면 연준의 자산은 2008년 7월에는 9,000억 달러 수준이었다. 그러다 2008년 미국 주택시장에서 거품이 깨지면서 금융위기가 불어 닥치자 연준은 채권매입을 통해 자산을 크게 늘리고 시중에 돈을 풀었다. 연준의 자산은 2014년에는 4조 5,022억 달러로 5배가량 늘었다. 2020년 코로나19로 금융위기가 닥치자 연준은 또 막대한 규모의 돈을 시중에 풀었다. 연준의 자산은

2022년에는 8조 9,000억 달러까지 급증했다. 불과 14년 만에 연준의 자산이 10배나 불어난 것이다. 이 돈이 미국에 있었다면 물가는 천정부지로 치솟고 달러의 몸값은 추풍낙엽처럼 떨어졌을 것이다. 하지만 미국이 길들여 놓은 세계 금융시장의 논리와 관행 때문에 이 막대한 돈은 전 세계로 떠돌아다녔다. 미국이 달러의 여행을 조장했고 세계 각국도 들어오는 달러를 적극 환영했기 때문이다. 덕분에 미국은 인플레이션이라는 망령을 떨쳐버릴 수 있었다.

세계 각국은 달러가 제 발로 찾아오니 처음엔 반가웠다. 경제 여건이 좋지 않은 신흥국일수록 달러는 환영받았다. 이들은 물건을 팔고 달러를 받아왔고 어떨 땐 싼 이자를 주고 달러를 빌렸다. 처음에 조금 오다 말겠지 했던 달러는 10년 이상 물밀듯이 밀려왔다. 각국은 밀려오는 달러를 곳간에 쌓아뒀다.

각국은 곳간에 달러가 넘쳐난다며 좋아했지만 사실 혜택은 미국이 봤다. 수조 달러를 찍어내도 세계 곳곳에서 이를 받아주고 곳간에 쌓아주니 수요가 늘면서 달러값은 오히려 올랐기 때문이다. 세계 각국 통화와 비교한 달러값을 표시하는 달러지수는 2009년에는 70대 후반이었지만 2024년 5월에는 105를 오르내린다. 달러는 아무리 찍어내도 가치가 떨어지지 않는 마법 같은 통화다. 그 덕분에 미국은 돈을 찍어내 돈을 번다. 연준이 찍어낸 많은 돈이 금융회사와 기업에 유입되면서 미국 경제는 금융위기와 경제위기에서 탈출했다. 정책의 성공처럼 보였지만 그 이면에는 미국이 찍어낸 달러를 받아주면서 가치를 지탱해준 많은 나라들이 있었다. 만약 각국이 달러의 여행을 금지했다면 달러값은 급락하고 미국은 아직도 침체기를 벗어나지 못했을 것이다.

사람도 그렇듯 달러도 때가 되면 미국으로 회귀한다. 지난 2022년부터 미국이 빠른 속도로 기준금리를 올리면서 10여 년간 세계를 여행했던 달러가 본격적인 귀환 시기를 맞았다. 미국의 기준금리 인상은 여행 중인 달러에 대한 소집 명령이다. 일단 미국 내에서 연준이 보유한 자산은 7조 3,630억 달러까지 떨어졌다. 2년 새 1조 6,000억 달러가량 줄었다.

세계 각국에서도 달러는 미국으로 회귀한다. 어느 곳에 있는 달러부터 귀환할지는 아무도 모른다. 경제가 어렵거나 정치적으로 불안정한 나라에 있는 달러가 가장 먼저 돌아갈 것이라는 예측만 있을 뿐이다. 달러의 귀환은 여타 외국인 투자자들의 동요와 이탈을 유발해 해당 국가의 통화가치를 급속히 떨어뜨리고 금융시장부터 시작해 끝내는 경제를 마비시킨다. 선의로 달러를 불렀던 나라들은 달러가 돌아갈 때면 냉정한 현실 앞에 치를 떨게 된다. 역설적이지만 미국이 어려울 때 달러를 가장 많이 받아준 국가들이 더 큰 피해를 본다. 10년간 세계 각국을 대접받으며 여행하고 돌아갈 때 매정하게 뿌리치며 국가경제를 할퀴고 떠나는 것은 분명 특권을 가진 달러의 횡포다.

달러가 매정하게 돌아갈 때 각국은 달러의 귀환을 조금이라도 늦추기 위해 여념이 없다. 아르헨티나는 2024년 5월 기준금리가 연 50%다. 같은 기간 미국 기준금리(연 5.5%)의 10배에 달한다. 유럽의 튀르키예도 기준금리를 연 50%까지 끌어 올렸다. 달러의 유출을 막기 위한 고육책이다. 이들 나라들의 환율은 달러의 움직임에 따라 요동친다. 그 여파를 최소화하기 위해 금리를 올렸지만 달러는 돌아가겠다고 짐을 싸고 있다. 이런 달러의 움직임에 따라 국제 외환시장이 춤을 춘다. 미국이 고향인 달러는 미국에서 만들어졌지만 세계 각국을 여행하면서 각 나라의 환율과 경제에 막대한 영향을 미치고 본국으로 돌아갈 때는 다른 나라 경제를 할퀴고 돌아간다. 달러의 여행에 울고 웃는 것이 세계 경제다.

달러의 여행에 안전지대는 없다. 안일한 대응이 화를 부르는 것은 시간문제다. 대비하지 못한 나라는 국가부도와 같은 재난에 빠진다. 달러의 귀환이 일단락될 때까지 세계 금융시장에서는 금리, 주가와 통화가치가 급등·급락하는 불안정한 장세가 연출된다. 각국은 무소불위 달러로부터 벗어나고 싶지만 그럴 수 없는 것이 냉정한 현실이다. 달러의 여행에 따른 파장은 세계 경제가 얼마나 미국 중심적으로 굴러가는지 그리고 이로 인한 세계 경제의 불균형이 얼마나 심한지를 극명하게 보여준다.